高级销售人员培训适用

寿险
教育训练系列教材
21

销售谈判
XIAOSHOU TANPAN

中国人寿保险股份有限公司教材编写委员会 编

中国金融出版社

责任编辑：贾　真
责任校对：刘　明
责任印制：毛春明

图书在版编目（CIP）数据

销售谈判（Xiaoshou Tanpan）/中国人寿保险股份有限公司教材编写
委员会编 . —北京：中国金融出版社，2010. 12
　（寿险教育训练系列教材）
　ISBN 978 - 7 - 5049 - 5680 - 4

　Ⅰ. ①销…　　Ⅱ. ①中…　　Ⅲ. ①人寿保险—贸易谈判—教材
Ⅳ. ①F840. 62

中国版本图书馆 CIP 数据核字（2010）第 204833 号

出版
发行　　**中国金融出版社**

社址　　北京市丰台区益泽路 2 号
市场开发部　（010）63266347，63805472，63439533（传真）
网 上 书 店　http：//www. chinafph. com
　　　　　　（010）63286832，63365686（传真）
读者服务部　（010）66070833，62568380
邮编　100071
经销　新华书店
印刷　北京汇林印务有限公司
尺寸　169 毫米×239 毫米
印张　12
字数　172 千
版次　2010 年 12 月第 1 版
印次　2010 年 12 月第 1 次印刷
定价　22. 00 元
ISBN 978 - 7 - 5049 - 5680 - 4/F. 5240
如出现印装错误本社负责调换　联系电话（010）63263947

总　序

伴随着新中国六十年伟大征程和经济社会发展的巨大变化，我国保险业取得了举世瞩目的成就，行业面貌和服务经济社会的能力发生了深刻变化，保险业为我国经济发展和社会进步提供了强有力的保险保障，已经成为我国社会保障体系的重要组成部分，是服务民生、保障民生、促进社会管理和公共服务创新的重要方式，为我国经济发展和社会进步发挥了重要的、不可替代的作用。

中国人寿作为国内最大的寿险公司，在保险业务快速增长的同时，综合实力也得到显著提升，为国家经济发展和社会稳定作出了积极贡献。我们确立了中国人寿特色寿险发展道路这一发展战略，提出了建设国际一流寿险公司的奋斗目标。我们深知，在新的历史条件下，面临的发展任务将会更加繁重，需要驾驭的局势更加复杂，队伍建设方面也面临更高的要求，加强教育培训、进一步提升销售伙伴的素质和能力已经成为我们必须重视的一个突出问题。

教育培训历来是队伍建设的重要途径，是队伍建设的决定性因素，教育培训强则企业竞争能力强。中国人寿要扩大自己在市场上的影响力、号召力，形成别人无法仿效、无法复制、无法抗衡、无法超越的核心竞争力，就必须紧跟时代发展的新变化，适应市场竞争的新格局，不断解放思想、更新观念，牢固树立科学的人才观，大力加强教育培训工作，全力建设一流的队伍，为打造国际一流寿险公司提供坚强有力的人才保证和智力支持。

教育培训工作是一项复杂的系统工程。完整的教育培训体系涉及制度、课程和教材、讲师队伍和组织实施四个关键环节，其中，课程和教材是教育培训内容的载体，是教育培训实施的重要依据。没有规范的课程设计和统一的教材体系，教育培训制度就无法执行，教育培训工作的长效化就无法实现。建立一套具有自身特色的，能满足不同类别人员需要的，体现科学性、针对性和实用性的教材体系，是摆在公司教育培训工作方面的重要任务。鉴于此，公司自 2009 年初正式启动了销售类系列制式化教材的编写工作。

销售类系列制式化教材的问世，凝聚了众多编写人员的智慧结晶，是公司教育培训工作取得的一项阶段性成果。尽管还存在着各种不足，但我相信这在公司教材建设方面是一个良好的开端，并将会在推进公司教育培训工作的过程中发挥重要的作用。

衷心希望各级销售人员认真学习、勇于实践、有效提升专业知识和技能，迅速成长为客户信任的保险专家和理财专家，在中国人寿这个广阔舞台上大显身手，用智慧和才华，奏响公司跨越式发展的时代强音，为中国保险业又好又快发展再立新功。

二〇〇九年十二月

前　言

对于一名保险销售人员来说，必须认清销售谈判所面临的新趋势——客户比以前信息更加灵通，更加挑剔，谈判手段也更为高明。保险销售人员的角色在 21 世纪将会发生剧烈的变化，成功的保险销售人员比以往要更有丰富的头脑，要更加多才多艺，要得到更好的培训。最为重要的，他必须是一个出色的销售谈判高手和具有极强说服力的说服大师，这样的保险销售人员才是最有广阔发展前景的。

为此，我们为保险销售人员量身打造了该教材——《销售谈判》。本书主要为中国人寿保险销售人员培训使用，因而本书中各章所谈及的销售主要是以保险产品销售为契机和目的，去分析谈判及相关技能的运用在其中所发挥的作用。

本书分为四章：第一章为销售谈判的概念——介绍销售谈判的概念、特点、原则及发展趋势；第二章为销售谈判的四个要素——包括信息、力量、时间和关系；第三章为销售谈判流程——分别介绍了销售谈判前的准备、开局、中场、终局四个阶段，并相应地介绍了各个阶段所对应的谈判技巧和策略；第四章为化解谈判压力的方法和策略——综合阐述了销售谈判的压力点和应对策略、销售谈判中的心态调整以及营造销售谈判的驱动力。

本书由中国人寿保险股份有限公司教育培训部负责统筹定稿，深圳市分公司负责编写，曾宏负责总体框架结构的拟定、内容的统纂及团险章节的编写，王敏波负责第一章内容的编写，宁恬和许夏负责第二章内容的编写，姚明和丘程负责第三章内容的编写，杨健负责第四章内容的编写。

在此，感谢公司各级领导的高度重视和支持及各支公司对调研工作的积极配合。最后，预祝读者能够运用本书中的方法和技巧提升展业技能，迈向寿险事业更大的成功。

编　者

二〇一〇年十一月

目 录

第一章
销售谈判的概念

- □ 谈判
- □ 销售谈判

关键术语

谈判　销售谈判　竞合关系

知识要求

◆ 了解谈判误区

◆ 了解销售谈判的概念

◆ 理解销售谈判的特性与原则

◆ 了解销售谈判发展的新趋势

技能要求

◆ 联系生活实际，理解谈判原则

　　凭借着自己的专业与勤奋，在保险行业三年的光景里，小王不仅业绩不错，而且已经成为一个五人小团队的主管了。此时他正在客户家中与客户进行销售洽谈。

　　整个洽谈进行得很顺利，客户频频点头对小王以及推销的产品表示认可。在洽谈接近尾声，小王在做促成的时候，客户却皱起眉头表示要考虑一下。作为一个经验较丰富的营销员，小王知道不能过于着急，于是跟客户约好过两天后再谈，然后礼貌地离开了。可是同时，小王也感受到了客户的疑虑。整个销售环节进行得都不错，客户也的确有购买意愿，那问题出在哪里呢？

　　两天后，小王拨通了客户的电话进行跟踪约访。在电话中客户说出了实情：原来之前有好几家保险公司的营销人员与客户谈过类似的产品，而有的甚至答应给予"优惠"。客户现在正在考虑买哪家的产品。

　　小王约好次日再到客户家中详谈，挂了电话。他在思索，现在的保险销售工作与前几年大不一样了。之前是客户没有意愿，需要说服、引导，然后签单。可是现在，客户的资讯越来越发达，货比三家，同业竞争激烈。现在的问题不再是客户买不买了，而是向谁买？买什么？怎么买？买了能得到什么？什么更实惠？

单纯的推销已经不合时宜了，要想达成销售，需要考虑更多、更复杂的交易相关因素，以及更高超的技巧才行。小王切身感受到，新的销售时代已经来临。

第一节　谈　判

"谈判"一词听上去似乎是生意场上特属的专业名词，其实在我们的生活中处处都能找到它的踪影。例如，"请你嫁给我吧！"这是谈婚论嫁；"能不能给我打个八折？"这是与商家讨价；"能给我涨一级工资吗？"这是向公司请求加薪；"妈妈，我每扫一次地请付我5角钱，好吗？"这是与父母讨劳务价……以上种种行为，都属于在寻求谈判。

谈判，从我们踏上世界的时候就已经开始了，每时每刻，无论何地，将一直延续到我们生命的终结。正如莎士比亚所说："人生说起来就是一连串的谈判。"既然现实世界里充满了形形色色的谈判，不管你是否愿意，随时都可能成为其中一员。那么，什么是谈判？谈判的内涵是什么？这些都是我们首先应该明确的基本概念。

故事分享

谈判的结果

两位美国人在欧洲向街头的同一画家买画。

第一个美国人问："这幅画多少钱？"

画家说："15美元。"说完后发现这个美国人没什么反应，心里想：这个价钱他应该能够承受，于是他接着说："15 美元是黑白的，如果你要彩色的是 20 美元。"这个美国人还是没有什么反应。画家又说："如果你连框都买是 30 美元。"结果这个美国人把彩色画和相框全部买下来，以 30 美元成交。

第二个美国人问价时，画家也说 15 美元。

这个美国人立刻大声喊道："隔壁才卖 12 美元，你怎么卖 15 美元？画得又不比人家好！"

画家一看，立刻改口说："这样好了，15 美元本来是黑白的，您这样说，15 美元卖给您彩色的好了。"

美国人继续大声喊道："我刚刚问的就是彩色的，谁问你黑白的？"结果他仅用了 15 美元就买了一幅彩色画，还带走了相框。

资料来源：袁良：《赢合谈判》，北京，中国经济出版社，2010。

一、谈判的定义

谈判就是指人们为协调彼此之间的关系，满足各自的需求，通过双方协商从而争取达到意见一致的行为和过程。简而言之，就是人们为了改变相互关系而交换意见，为了取得一致而相互磋商的一种行为和过程。

谈判的最终目标，是化解分歧，解决问题。而在这一直接导向指引下，要想解决问题，谈判者首先要明白，谈判结果既要满足自己的需求，也要满足他方的需求才行。否则，在谈判中就可能会有人拂袖而去，使谈判不欢而散，走向夭折。

一个完整的谈判活动，一般需具备以下五个要素。

1. 谈判主体

在谈判活动中，主体即为谈判的当事人或参与人。往往当事人可有两种身份出现：一是谈判代表，代表个体与团队；二是谈判组织，即代表国家与社会的组织机构。生活中我们通常充当的都是第一种身份的谈判者。

2. 谈判的客体

谈判活动所指向的客体即谈判标的及其相关主要议题，这是谈判活动的重要部分。如贸易谈判的客体是买卖的货物标的及其产生的相关议题，如价格、数量、质量等；服务谈判的客体是服务内容这一标的及其产生的相关议题，如服务范围、质量、期限等。

3. 谈判目的

谈判目的是谈判活动中最为核心的内容，谈判双方紧紧围绕目的进行。正因为谈判各方面有鲜明的目的性，才会使得谈判活动具有较强的冲突性和竞争性。

4. 谈判行为

谈判行为是指主体之间为实现谈判目的就相关议题而进行的一系列谈判活动，是谈判真正得以实施的关键步骤，是取得谈判结果的主要因素。

5. 谈判环境

谈判行为的实施必然有特定的环境为依托，并受当时所处的环境制约和限制。这里既包括谈判的外部大环境，如政治环境、经济环境、文化环境等，也包括谈判小环境，如具体的谈判时间、地点与场所等。

以上要素是谈判进行必不可少的因素，掌控好这些要素，才能有效地驾驭好谈判的过程与结果。

二、对于谈判的理解误区

在美国高校一项关于谈判认识的调研中，对 25 位没有谈判经验的本科生进行了一项调查，他们被要求给出谈判中会发生的两个行为。结果显示，当"谈判"这个概念被用到时，大部分人将其特征归纳为"具有竞争性的"、"不可兼容的利益"。在谈判被给予这种定性时，谈判的每一方都想要让步最小，获取最多，并且随时走人。

因此，我们在认识谈判时，还存在一些不当的观点与误区：

误区一，认为谈判的结果必然是一赢一输。

有些人认为，谈判就是完全站在自己的利益和需求上而不必考虑对方的利益及需求，在谈判中要毫不留情地击倒对方，争取最大的强势。其实谈判不是零和游戏，往往一个成功的谈判，正是满足双方需求、考虑双方利益前提下得到双赢结果。以"寸利必得"、让对方"片甲不留"为目标的谈判往往会使谈判陷入僵局或走入死胡同。

误区二，认为在谈判中就是要尔虞我诈，说些大话、假话。

有些人认为，我们日常生活与商务中的谈判是你死我活的竞争，因而为达到己方的利益与目标，就应该使用"欺""诈""隐""骗"等手段，以达到谈判预期的结果。其实，我们在谈判中所言虚实相探的各种技巧与夸大其词、不尊重事实吹嘘是截然不同的性质，前者属于用各种姿态诱探对方底细，而后者为加大谈判中的优势采用与事实不符的假话、空话进行诱骗，导致的结果是可能会得到本次谈判结果却永久地失去了信誉和后续谈判的机会。

误区三，认为谈判就是要盛气凌人，不给对方说话的机会。

有些人认为谈判就是要以一切优势压倒对方，可利用身份、资历等因素，居高临下、盛气凌人，自己说个滔滔不绝，而不考虑对方的反应和感受。这种做法既不礼貌，也容易引起对方的反感，还可能会言多语失，反被对方抓住漏洞，往往也达不到谈判预期效果。

误区四，认为要达到谈判的结果，就是不断地要妥协退让、迁就对手。

谈判中强调关注对方的利益，并不代表着一定要不断地退让、迁就对手，谈判的终级目标还是要保证自己的利益得以实现。谈判中轻率的让步会导致对方得寸进尺的欲望扩张，所以不能轻言退让，到了非让不可的时候，也要让对方知道你做出这一步已是很大的牺牲与诚意。谈判中的让步往往是双方共同的，切记：不轻易让步、不做无谓的让步，要让每一次让步都是有效的、有回报的。

故事分享

三换谈判人员

日本与美国企业有一项重大的技术合作的谈判。谈判伊始，美方代表便拿着各种技术资料、方案，滔滔不绝地发表意见，希望能以强烈的谈判气势压倒日方，取得谈判的成功。然而，在整个谈判过程中，日方代表一言不发，仔细倾听并埋头作记录。美方谈了几个小时后，向日方征求意见，双方继续磋商。然而，双方的谈判进程异常缓慢，日方代表在整个谈判过程中表现得相当迷茫，只讲了一些枝节问题后，日方就以没做好准备为由，草草结束了首次谈判。

第二次谈判时，日方以撤回原来谈判代表等为理由，不但推翻了之前的谈判所作出的承诺，还要求美方重新陈述各种交易要求和条件，并就原来的问题重新谈判，使美方谈判代表颇感疲倦，但谈判最后，日方仍然表示没有做好准备，择日再进行谈判。

第三次谈判，如同第一、第二次谈判一样，日方故伎重施，引起美方谈判代表的不满。美方人员大为恼火，认为日方没有诚意，于是下了最后通牒：如果半年后日方仍然如此，两方协定将被迫取消。随后美方解散了谈判团，封闭了所有资料，以待半年后的最后一次谈判。

谁料到，几天之后，日方即派出由前几批谈判团的首要人物组成的庞大代表团飞抵美国，美方人员在惊慌中，仓促应对，匆忙将原来的谈判成员召集起来。在谈判中，日方一反常态，带来了相关详尽资料，进行了精细的筹划，并将协议书的初稿交给美方。这使美方代表无从抗拒，只有签字。谈判以日方获胜而告终。

思考

本案例中美方谈判存在的问题是什么？你认为美方应该如何应对日方？

资料来源：赵柳村：《推销与谈判实务》，广州，暨南大学出版社，2009。

第二节　销售谈判

谈判从广义上来看，渗透于生活的各个领域和层面，而毋庸置疑它在经济交往中的应用是最为广泛而且是必不可少的。无论是公与私之间的谈判，抑或是团体及个人间的谈判，都是商业交往中不可或缺的活动。其中，销售谈判又是商业活动中最常见而且至关重要的谈判内容与环节。

本书主要为中国人寿保险营销人员培训使用，因而本书中各章所谈及的销售主要是以保险产品销售为契机和目的，去分析谈判及相关技能的运用在其中所发挥的作用。

一、销售谈判的概念

著名的成功学大师戴尔·卡耐基说过："你是经营者，客户是你的上帝，你不能欺骗他们，而是应该提高语言艺术，巧妙地劝说他们购买商品，这是你的职责，也是义务。"销售过程实际上就是买卖双方的谈判过程，营销人员的谈判技能在一定程度上决定了销售的最终效果。销售谈判贯穿销售的全部过程，是一项需要充分准备、精心策划、准确分析客户的心理需求与利益需要，运用适当的谈判策略与技巧促成交易的全过程。

简而言之，销售谈判是经济商务活动中谈判的一种类型，它是以销售达成为中心，就销售产品的质量、价格、交易数量等诸要素为谈判内容达成双方的一致，从而促成销售。

保险销售谈判，是销售谈判中的一种，一般指以保险产品销售为中心与客户就保障责任、保障期限、费率与服务等要素进行协商沟通，最终达成一致签单的过程。

按保险销售渠道可以将保险销售谈判划分为三种：

（1）个险营销销售谈判；

（2）团险销售谈判；

（3）银行保险销售谈判。

由于销售渠道的不同，谈判对象有所差别，因而在不同的渠道间进行销售谈判所采用的策略与方法也就有很大的差异性，不能一概而论。

二、销售谈判的特点与基本原则

世上最难说服的事情是什么？有人说，能让别人心甘情愿地从口袋中掏出钱包付钱是最难的一件事情。确实，销售者所从事的工作，正是要在这项艰难事情中扮演好这个引导购买的重要角色。因而，一个优秀的营销人员，他一定是一个出色的谈判家和说服大师。了解与掌握销售谈判的特有属性，以高屋建瓴的战略高度把握、驾驭整个谈判趋势，是谈判者必备的基本素养和能力。

（一）　销售谈判的特点

1. 谈判对象的广泛性与多样性

随着世界经济全球化，人类商务活动的范围早已没有了疆域与地理界线。作为一名销售者，你有可能将一件商品销售给任何地区的任何一个人。就每一笔交易而言，交易对象——购买者从年龄、性别、身份、学历、兴趣、爱好等存在着很大的差异性，这些特有的个性化特点在现代经济社会的激烈竞争中会呈现出不同的表现，这都需要营销人员在销售谈判中灵活应对、巧妙处理，以最终促成交易。

2. 谈判者需求与利益导向明确

对于买方来说，需求是购买的第一因素；以最小成本获得最大利益是每一个购买者共同的目标。对销售者来说，要促成交易首先要激发购买者的需求欲望；其次，能用最小的代价获得最大的利益也是卖方追求的目标。因此，要想赢得销售，销售者在谈判中要充分满足买方的需求并关注其利益，在此前提下保证自己利益的最大化。

3. 谈判双方的竞合关系

如上所述，买卖双方都有特定的利益目标，为实现自身利益最大化，谈判双方都设法据理力争，互不相让；同时，双方也都必须意识到只有关注对方的利益，友好合作，在某种程度上才能实现各自的利益。否则，谈判破裂，双方的利益都不能实现。因此，销售谈判双方是一种竞争合作并存的关系。

（二）　销售谈判的基本原则

从以上销售谈判的特点出发，我们在销售谈判中务必坚持以下基本原则。

1. 合作原则

销售谈判的竞合关系要求谈判双方以合作为基础，视谈判的对方

故事分享

韦普先生的成功之处

韦普先生是美国菲德尔费电气公司的营销人员，一天他在宾夕法尼亚州推销用电的时候，遇到了一位将其拒之门外，甚至破口大骂的老太太。但韦普先生并没有气馁。他观察到老太太养了很多鸡，并对外销售鸡蛋。

于是，过几天韦普先生又来敲门，称自己是来帮妻子买鸡蛋的。并接着说道："您家鸡长得真好，看它们的羽毛长得多漂亮。我家也养了一些鸡，可是，像您所养的那么好的鸡，我还是第一次见到，而且我养的鸡只会生白蛋。夫人，您知道吧，做蛋糕时，用黄褐色的蛋比白色的蛋好。我太太今天要做蛋糕，所以特意跑到您这里来了……"

就这样，他们彼此变得很亲切，几乎无话不谈。最后，老太太在韦普先生的赞美声中，向他请教用电有何好处。韦普先生实事求是地向他介绍了用电的优越性。两个星期后，韦普收到老太太交来的用电申请书。后来，他便不断地收到这个村子的用电订单。

思考

韦普先生采取了哪项谈判原则使他获得了成功？

资料来源：袁良：《赢合谈判》，北京，中国经济出版社，2010。

为合作者而非敌对者。充分认识合作的重要性，从而在谈判中互相坦诚交流，相互信赖，不隐瞒、不欺诈，满足对方的需求并关注对方的利益导向，不以打倒对方或征服对方为目的。

2. 赞美与尊重对手原则

在销售谈判中有时会因为思维模式、身份与性格等方面的差异造成双方观点不能一致，以至于使谈判陷入一种僵局。问题的出现可能与双方的利益无关，而是受思维与情感的影响导致双方观点差异。善于赞美对方，时刻尊重对方，保存对方的面子，往往能化解僵局，赢得谈判的胜利。

3. 互惠双赢原则

一个成功的谈判结果，一定是让两方都感觉到是赢家，谈判的每一方都认为自己已实现预期的谈判目标。只有双方都关注对方的需求与利益，经过充分的沟通与协商，尽量寻找到协调双方的共同利益，进行互利互惠，才能取得双赢的结果。

优秀的营销人员，总是能用有效的策略原则和妥当的办法让购买变得自然而又急需，这也正是销售者追求的最高境界。

三、销售谈判的发展新趋势

21 世纪的中国，伴随着市场经济的不断发展与深化、市场物品的繁荣与多元，产品销售将面临越来越严峻的挑战。在买方市场为主导的前提下，只有那些聪明的谈判高手才能赢得销售的最后成功。所以，对于一个营销人员来说，必须认清销售谈判所面临的新趋势：

趋势一：买家成为高明的谈判对手

买方越来越趋于成熟与理性，他们议价谈判的能力越来越强。大量的营销人员都能感觉到今天的销售已不再像过去那样简单容易。不仅丰富的市场经验培养了买方的谈判能力，而且有些买方可能就是刚刚走出谈判培训课堂的 MBA 学员。

趋势二：买方比以前信息更加灵通

过去我们说"货比三家"已足矣，而在当今这个信息爆炸的年代，买方是货比九家而不止，买家只需上网搜索或通过设计电脑程序即可获得他们感兴趣的项目的各种信息。信息灵通的另一个结果是，买方很快便能知道你是否给了别人更大的优惠。

趋势三：营销人员角色倒转

过去营销人员的角色可以明确地界定——把产品卖给个人或团体用户。现在越来越多的营销人员发现他们的角色正在倒转。与其说他们是卖家，不如说是买方，这现象在企业间更明显。在一宗谈判中，他们经常从一个项目的卖方而变为另一个项目的买方。

所以，营销人员的角色在 21 世纪将会发生剧烈的变化，成功的营销人员需要比以往要更有丰富的头脑，要更加多才多艺，要得到更好的培训。最为重要的，他必须是一个更出色的销售谈判高手和具有极强说服力的说服大师，这样的销售者才是最有广阔发展前景的。

四、销售谈判高手的必备素养

一名优秀的销售者必须是一个更出色的销售谈判高手。作为一名谈判高手需要哪些必备的核心素养呢？

1. 具有正确、健康的谈判意识与理念

即以正当竞争手段来达到存异趋同的目标。利用欺瞒等手段来设陷阱坑害对方，或者想要在谈判结果中达到"杀得对方片甲不留"或"要置对方于死地而后快"的这些想法或做法都是不健康的，有违于谈判的真谛，谈判者也不可能成为一个优秀的谈判人才。

2. 具有丰富的社会经验与广泛的理论知识

谈判是人类各种知识和经验的综合运用过程，具有极为复杂与微妙的具体规定性。谈判中有时是旁敲侧击、声东击西或弦外有音，乍看似无意，其实皆有因。因此，只有阅历丰富、知识渊博的人，才能不为所惑。

3. 敏锐的观察力与判断洞察能力

善于观察与思索是一个谈判者应具备的最基本素养，而敏锐的观察与准确的判断能力是谈判高手的必备素质。在销售谈判中会遇到许多始料不及的问题与假象，需要谈判者去分析、应对，以便不断根据新的情况和问题去及时调整自己的谈判方案。

4. 机智幽默，随机应变

谈判是极为复杂而又艰巨的求同存异的过程。人的情绪、思路往往会瞬息万变。这就要求谈判者在任何情况、任何条件下，都能反应敏捷，机智幽默，以不变应万变，灵活地打破僵局，扭转不利形势。

5. 态度和蔼，谦恭礼让

谈判者要有大家风范，君子坦诚，格调高雅，彬彬有礼，尊重对方。这样才能为谈判营造一种和平友好的合作气氛，有利于谈判的顺利进行。语言犀利、态度蛮横、行为粗俗都是不可取的。

6. 心态平稳，有耐心与恒心

稳健持重的人能担当谈判的大任。有时，有些谈判需要旷日持久地进行，如果没有坚韧不拔的耐力与恒心和处变不惊的泰然精神，是难以适应那些长期拉锯式谈判的。谈判中流行这样一句话"永远不轻易放手，直到对方至少否定了七次"。

7. 巧言善辩的说服能力

一个谈判高手，他首先要是个说服大师。亚里士多德在《修辞学》中将"巧辩"定义为"发掘最佳的说服方法"。所以，不动声色的说服能力使对方能自然而又欣然地接受你的建议，这是一个谈判高手应具备的一项重要技能。

8. 细致的工作态度

谈判要求一个人要态度认真，一丝不苟。从前期的准备，到中期的掌控及后期的驾驭，都有许多细致、严谨的筹划工作，要自始至终不能疏忽。一个规范的谈判，应该是前期有资料收集，中期有谈判记录，谈判结束有归档资料。一个谈判高手对自己的谈判活动是始终按照规范化、程序化的轨道有条不紊地进行。有时，可能就是因为一点小小的纰漏，导致惨败。

知识回顾

◆ 谈判是指人们为协调彼此之间的关系，满足各自的需求，通过协商而争取达到意见一致的行为和过程。简而言之，就是人们为了改变相互关系而交换意见，为了取得一致而相互磋商的一种行为和过程。

◆ 谈判的最终目标，是化解分歧，解决问题。

◆ 在销售谈判中务必坚持以下基本原则：合作原则，赞美与尊重对手原则，互惠双赢原则。

学以致用

小王再次来到客户家中，表明来意嘘寒问暖之后，引导客户进入了主题。客户对于优惠还是很在乎的，在产品形态、条款和保险责任都差不多的情况下，价格似乎成了一个关键因素。

"我知道您对折扣很感兴趣。假设您能获得 30 万元的保障，如果保险公司给您的保障也打个折扣，您会愿意吗？"小王问完，客户摇摇头。

"实际上，产品的条款白纸黑字，即使您购买了打折产品，条款的内容也不会改变。但是，保险营销人员的收入来源于佣金。如果他答应给您折扣，那么，在今后长达十多年中，他给您的服务，必然是打了折扣的！我服务很多客户，从来不会给其打折扣，因为我从来不会降低我的服务品质。您是愿意选择便宜一点的呢，还是更加可靠满意的呢？"

客户十分赞同小王的做法，表示更看重后续的服务。

小王运用了同理心，以服务为筹码，取得了客户的信赖，签下了保单。

第二章
销售谈判的四个要素

□ 信息

□ 力量

□ 时间

□ 关系

关键术语

时间压力　时间的不对等性　沉没成本　单纯曝光效应

知识要求

◆ 理解信息的种类及信息的重要性，掌握获取信息的方法
◆ 理解销售谈判中的力量
◆ 掌握应对时间压力的方法
◆ 掌握建立及维护客户关系的方法

技能要求

◆ 能够在销售谈判过程中快速有效地获取客户信息
◆ 学会将建立及维护客户关系的方法运用到销售谈判的过程

　　小王回到团队，在团队会议上做了一些个人案例分享。在研讨阶段，团队中的人大多数表示遭遇了相同的问题：不自信、遭遇客户拒绝、客户拖延、投入了很多的时间精力却达不到效果……似乎客户越来越强势，而作为保险营销人员，在与客户进行销售会谈时掌控不了会谈节奏，总感到力不从心。尤其是其中一位营销伙伴，最近在接触一位拥有几十亿元身价的大客户，更显自己身份卑微，根本找不到保险的切入点。

　　小王微笑着问："在与客户交谈时，是否总觉得自己落于下风？"

　　大家纷纷点头。

　　小王："我们如何增加自信？如何化被动为主动？如何将自己的定位提升到与客户旗鼓相当？要想在销售谈判中取得理想的结果，首先得理解销售谈判的组成要素，从中可以找到答案。"

如果把人生看做是一场游戏，那么谈判就是这场游戏中打开胜利之门的金钥匙。从某种意义上讲，要想获得胜利，就必须了解游戏的全部规则。一开始必须面对现实，一切从实际出发，要反映事情的真实面貌，而不要仅从表面判断就轻易地下结论。对于人们来说，最寻常的莫过于有选择地看待他们面对的形势，并通过各自不同的价值取向来进行判断。

尽管每一场谈判中的参与者不同，谈判的具体情况不同，谈判所处的形势不同，但是每个谈判都概莫能外地包含四个方面的要素。这四个要素分别是：信息、力量、时间和关系。

第一节　信　息

任何一场销售谈判开始之前，掌握足够多的信息都是至关重要的。信息是处理事情的中心，是开启成功销售之门的钥匙。信息往往影响我们对事物的判断，左右我们最后的决定。在现代社会的商战中，掌握信息是成功销售谈判的第一步。知己知彼才能百战不殆，无论是战场上真枪实弹的斗争，还是谈判桌上的唇枪舌剑，都离不开信息的收集、整理和运用。本节会从信息的重要性、信息的分类、收集信息的渠道这三个方面开始展开论述。

一、信息的重要性

现代社会是一个信息爆炸的年代，信息渗透在我们生活的方方面面。我们无法详细了解接触到的每一条信息，只能在有限的时间内掌握对于自己最有效的信息。下面是一个典型的谈判前信息准备的案例。

20 世纪 80 年代，我国光冷加工的水平较低。为改变这种状况，国家决定为南京仪表机械厂引进联邦德国 LOH 光学机床公司的光学加工设备。为了更好地了解 LOH 公司及其产品，南京仪表机械厂马上对 LOH 公司的生产技术进行了分析。

谈判中，LOH 公司提出要将 24 种产品的技术转让给中方。根据谈判前对其产品技术的研究，南京仪表机械厂认为，这 24 种产品中有 13 种已经足以构成一条完整的生产线，满足自己的生产要求，没有必要将

24 种全部引进。在价格方面，南京仪表机械厂也作了调查，掌握了国际市场的合理价位。

最终，这次谈判，我国既买到了先进的设备，又节约了大量的外汇。事后，LOH 公司的董事长 R. 柯鲁格赞叹道："你们这次商务谈判，不仅使你们节省了钱，而且把我们公司的心脏都掏去了。"

在这个案例当中，南京仪表机械厂在谈判前做了大量的准备工作，他们不仅了解了德国厂商的情况，还有自己的情况。

（一）信息就是力量

世界上，为什么那么多国家会向其他国家派遣间谍？为什么那些职业足球队要费尽心思反复研究对手的比赛实况？因为信息就是力量。当两个国家开战时，对敌国信息掌握更多的国家通常会拥有更大的优势。海湾战争开战之前，美国中央情报局的间谍就已经拍下了巴格达的每一栋建筑的照片，所以美军才可以在战争一开始时就迅速炸掉伊拉克军方的通信系统。

任何一场销售谈判，都是基于信息的博弈，信息的重要作用不言而喻。在进行销售谈判的过程中，一方对另一方了解得越多，它们获胜的机会往往也就越大。信息，就是进行销售谈判之前通过各种渠道收集的相关资料。

比如我们保险营销人员在拜访客户之前，一定会充分地收集客户信息。只有对客户的基本情况完全了解时，我们才有更大的勇气敲开客户的门，坐下来面对面地与之交流。

（二）掌握足够的信息让我们在谈判中掌握主动

在一场销售谈判中，要想达成最后的胜利，必须步步为营，时刻把握谈判的主动性。在现实的销售谈判中，谈判双方都会竭尽全力地收集信息，以求立于主动的地位。因为我们都相信，只有具备了充分的相关资料，才能使谈判顺利进行。所拥有的信息越多越可靠，就越能创造更多的机会和回旋的余地，越能作出好的决策。反之，任何一条错误的信息，都有可能大大地降低可信度和谈判能力。

故事分享

信息的力量

某天，营销人员受邀参加一次同事聚会。这些同事都是营销人员上一个工作单位的同事，那是一家待遇优厚的国有企业，福利也非常不错。参加的人员不仅仅只是这家单位的员工，还包括员工家属和朋友。营销人员觉得这是一次机会难得的聚会，这个场合里，一定会结识新的客户。营销人员选了一套做工精良的高档职业套装，并拿上了自己的名片和一部分公司的宣传材料。

果然，到场的人很多，气氛很热烈。营销人员除了与以前的同事沟通和交流，还有意地去听身边人谈论的内容。这位营销人员发现坐在他身边的客人西装笔挺、很有气质，年龄在 45～50 岁，谈吐很像是一个老板，并且在跟另一位客人讨论企业经营的问题。营销人员决定结识这位客户。

于是，营销人员主动上前打招呼，并做了简单的自我介绍，与客人互相交换了名片。客户的名片上写着这位客户是一家中型制造企业的董事长。营销人员说道："现在企业经营确实很不容易，特别是制造企业，风险很大，人员管理成本很高。"客户立即点头表示认可，并说他的企业每年都有工人受伤，一赔偿就会损失很大。营销人员便回应道："其实，您的企业非常需要团体意外险的保障。您可以选择让保险公司来分担您的风险。"客户若有所思……

宴会结束后，客户主动打电话向营销人员询问团体险的问题。最终，在营销人员这里购买了团体意外险，并且也购买了自己的个人寿险。

比如，在保险销售谈判中，我们的营销人员都会做好充分的准备，知道客户的保险理念有多少，对商业保险的需求点在哪里，客户计划用于商业保险的资金有多少，等等。掌握了这些信息，营销人员在与客户的谈判中，才能主动引导客户，有针对性地销售产品。这样成交的几率就大大增加。

　　然而，即使我们都知道收集信息对于成功谈判的重要性，现实的销售谈判中，很多人还是被匆忙拉入谈判之中，并没有做好充分的信息准备。比如日常生活中，因为家里的冰箱坏掉，你急需一台冰箱，便在匆忙之中走进家电商场。我们只了解自己可以接受的价格底线，却并不了解冰箱的最新功能、市场行情、价格走势；我们更不会知道售货员推销一款产品背后的信息。在这种谈判中，我们会很明显地感觉到，因为没有提前做足够的信息收集，处于被动的形势中。

　　我们为什么不能收集充足的信息？因为我们大多数人倾向于认为谈判是突发事件或者对谈判重视不够。对信息的使用具有很强的功利性，我们很少能够做到未雨绸缪，几乎都是在需要的情况下，才临时"抱佛脚"，着手收集所需要的信息。其实，对于保险营销人员，每一次接触客户都可以认为是一次销售谈判。我们应该从各种渠道收集信息，为每一次销售谈判做好充分的准备。

　　（三）丰富的信息可以帮助我们发现客户的潜在需求，推动销售的促成

　　销售谈判中，保险营销人员还会产生这样的疑问，为什么我在谈判前已经收集到足够多的客户信息，真正谈判时还是会失败，无法处理客户异议，实现最终促成？

　　这是因为一次销售谈判是一个动态发展的过程，由很多事情构成。客户的信息既包含显性信息也包含隐性信息，一些隐性信息是需要深层次挖掘，或者是在谈判进行过程中通过谈判技巧来发掘的。我们只有掌握了丰富的显性信息和隐性信息，才能够发现客户的真正需求，推动销售的促成。

　　另外，现实的销售谈判过程中，谈判双方经常使用的策略就是隐藏自己真正的目的和需求。他们往往认为自己的信息对于对方来说至关重要，自己的信息当然不能让对方知道；如果对方知道太清楚的话，自己就很有可能会成为任由对方宰割的羔羊。因此，如果能探明对方真正想要的是什么，那么在谈判上就已经占到优势；如果再能知道他们所受的限制，无疑会更为有利。

保险营销人员在处理客户异议时，经常碰到的情况就是客户含糊其辞，对于拒绝的原因只字不提。这个时候，我们的营销人员应该找到客户拒绝的真正原因，到底是因为客户觉得这款产品不适合自己，还是自己的家人不认可保险，还是有其他方面的顾虑。只有我们掌握丰富的信息，发现客户的潜在需求和目的，才能够合理地排除异议，促成销售。有时候面对一些拒绝客户，我们还可以使用引导的方式激发客户需求。

二、信息的分类

在进行销售谈判前，我们应该收集的信息包括自身信息、客户信息以及市场信息。

（一）自身信息

要高效地完成每一次销售谈判，就必须清楚自己想要什么，不想要什么。谈判并不是一项不得不做交易时才偶尔拿出来用的技能。谈判是帮助人们在生活中达成心愿的一种途径。具体来说，销售谈判前，自身信息应该分别从目标、资源、场所几个方面来做准备。

1. 目标

每一次销售谈判之前，我们应该设定合适的目标和底线。现实中，很多保险营销人员在约洽客户时，并没有设定本次销售谈判自己想要达成的目标是什么。因此，在真正谈判时，一旦客户提出异议，就会不知所措、无所适从。我们设定的目标应该分成三个层次：

（1）最低限度目标，即销售谈判必须达到的最基本的目标。也就是对我们自身来说，宁愿谈判破裂，放弃销售，也不愿接受比最低限度更低的条件。

（2）可以接受的目标。这个目标一般会是一个区域范围，谈判中的讨价还价就是在争取实现可接受的目标，所以可接受目标的实现，往往意味着谈判的成功。

（3）最高期望目标。这个目标虽然很难得到实现，但它激励谈判人员尽最大努力去实现。

例如，团险销售谈判中，保险营销人员通常会设定自己可以给予折扣的最低额度，然后拿着比这个折扣高一些的报价与客户进行协商。如果客户要求比最低额度还低的折扣，那么这次销售谈判很可能就会失败，这个就是我们的最低限度目标；如果客户觉得我们给的折扣不够低，还要进行协商，那么我们就是在可以接受的目标当中讨价还价；当然，我们的最高期望目标，一定是这个产品的标准承保费率。

2. 资源

进行销售谈判之前，自身信息的准备还包括自己可以提供给客户的资源有哪些，以及自己可以借助的资源有哪些。

保险营销人员在与客户销售谈判之前，应该思考可以提供给客户哪些资源？例如，公司的产品有哪些，产品的保险利益是什么；有哪些产品可以推荐给客户，满足客户的需求；如果客户需要我们来进行产品组合，应该推荐哪些险种等。我们应该站在客户的角度去思考自己能够提供给客户的资源是什么。

另外，保险营销人员还应该思考：为了促成本次销售谈判，我们可以根据客户的具体情况，来寻找一些外部的资源。比如，我们将要与一位高端客户进行面谈，但是，自己的自信心不够，那么，可以请主管或者是经常面对高端客户的营销高手来陪同我们一起面谈。类似的还有熟人推介、公司的产品说明会等。这些资源的使用会提高销售谈判的成功率。

故事分享

寻找客户可以利用的资源

某营销人员进入公司七年，成长为一名部门经理。他的目标客户群体都是一些中高端客户。这些客户来自各行各业，有的来自金融领域，有的来自传统制造业，有的专门做物流运输，等等；并且这些大客户中大多数都是相关领域的管理人员，包括政府官员、大型国有企业中层管理人员、跨国企业高管、私营企业主、大学教授等。该营销人员通过自己的社会关系网络建立了优质的客户群体。为了发挥这个人际关系网的作用，营销人员为客户主动搭建起一个交流的平台，定期会组织一些小型的聚会，让这些来自不同行业的精英沟通交流。客户从这种交流的机会中受益匪浅，非常感谢营销人员为他们提供的服务和帮助。因此，营销人员的客户关系经营得很好。

有一年，开门红冲刺阶段，该营销人员的业绩距离达标就差十几万元了。他在自己的客户群里搜寻了一遍，发现有一位客户前段时间在自己的帮助下解决了企业经营中的一些问题。于是，营销人员与那位客户交流时提到了开门红达标任务，客户二话没说，立即签了投保单，并全额交清首期保费。营销人员顺利地完成了开门红业绩任务。

在这个案例中，该营销人员通过自己的努力，提供给客户可以利用的资源，他的服务获得了客户的肯定，因此，在销售谈判中，非常顺利地获得成功。

3. 场所

除了以上两点，最后我们还应该关注谈判地点的选择，确定哪些谈判地点自己可以接受。

谈判地点的选择，往往涉及谈判的环境心理因素。人们发现动物在自己的"领土内"最有办法防卫自己，人也是一种有领域感的动物，这种领域感与人自己所拥有的场所、物品等有着密不可分的联系，离开这些东西，人的感情和力量就会有无所依附之感。美国心理学家泰勒尔就做了一系列有趣的试验，证明许多人在自己的客厅里谈话，比在别人的客厅里更能说服对方，所以对一些决定性的谈判，若能在自己选择的地方进行，则最为理想。但若争取不到这个地点，则至少应选择一个双方都不熟悉的中性场所，以减少由于两地优势导致的错误，避免不必要的损失。

谈判环境，一般是看自己是否感到有压力。不利的谈判场所包括：嘈杂的环境，极不舒适的座位，谈判房间的温度过高或过低，不时地有外人搅扰，陌生环境而引起的心力交瘁感，以及没有与同事私下交谈的机会等。这些环境因素会影响谈判者的注意力，从而导致谈判失误。

心理学家明茨早在20世纪50年代就做过这样的试验：布置两个房间，一间窗明干净、典雅庄重，一间粗俗、凌乱不堪。实验者分别进入两个不同的房间，对相同的10张相片上的人作判断，说出他是"精力旺盛"的还是"疲乏无力"的，是"满足"的还是"不满足"的。结果前者倾向于将照片上的人看成"精力旺盛"的和"满足"的，后者则相反，这个实验表明环境是会影响人的感知的。因此我们在进行销售谈判时，一定要选择一个明亮、通风、使心情愉快、精力集中的场合，避免对谈判产生不利影响。

（二）客户信息

在美国，每次举行军备控制谈判之前，政府都会投入数十亿美元用来了解对手的武器装备情况。有一次，记者采访美国前国务卿基辛格，问到"你觉得我们可能知道对方会在谈判中提出怎样的条件吗？"他说："当然，绝对知道——这毫无疑问。如果事先不了解对方的想法，不做好充分的准备就去谈判的话，那将会是一场灾难。"据统计，美国中央情报局每年用于收集信息的预算高达300多亿美元，而且逐年上升。这些案例告诉了我们进行销售谈判之前，了解谈判对手，也就是我们的客户是非常重要的。

客户的信息主要有以下几个方面。

1. 基本信息

客户的基本信息包括：客户的姓名、性别、年龄、工作单位、职务、家庭成员、家庭住址信息等。基本信息就像一个人在社会中的名片，是独一无二的、相对容易获取的信息。然而，大多数保险营销人员对基本信息的收集只是停留在基础层面，并没有整理、分析基本信息，从中挖掘出隐含的信息。

例如，进行保险销售中，我们从一个人的职务就可以了解此人在工作单位中处在什么位置，进而可以推断出客户的收入有多少，有多大的购买能力。如果客户是公司的高级管理人员，这样层次的客户对保险的

故事分享

潜在的需求

　　一个营销人员有一位高端客户，个人资产上千万元。客户全家人都在营销人员这里购买了意外险和长期的健康险。除了保险，这位客户将一部分资金投入楼市中，购买了好几处房产；还有一小部分资金放在基金公司中。客户认为股市风险太高，所以并没有投资股市。营销人员知道客户还有一部分资金作为固定存款闲置在银行中，并没有发挥太大的作用。营销人员在跟客户沟通时，提出让客户加保，但是，客户认为投入到保险的资金已经够了，没必要再买。营销人员通过询问，又了解到，客户存在银行里的钱是为自己的孩子出国留学使用的。于是，营销人员向客户推荐分红险。分红险可以享有保险公司的经营成果，还能获得固定的返还金，不想取出来，可以放在保险公司复利滚存。这样的收益比固定存款高多了，等到孩子办理出国留学时，就可以将放在保险公司的钱取出来。营销人员提到的这几点都恰好满足了客户的需求。客户听完之后，觉得非常满意，立即购买了分红险。

　　需求点可能就不仅限于保障型，更多的诉求可能就是投资收益的回报。那么，我们在销售谈判中，应该针对客户的需求推荐相应的产品。

　　又比如，通过客户的家庭住址，我们可以了解到客户的居住环境、生活品质、生活方式、对子女的教育理念等。这些细节都可以帮你更深入地了解此人，也给你一些谈话的话题。

　　2. 需求点

　　客户的需求点就是指客户想要从本次销售谈判中获得什么收益；换言之，就是通过销售谈判的促成能够解决客户什么问题。需求点等于客户的问题，帮助客户解决问题就是满足了客户的需求。一次成功的销售谈判，一定是准确把握住客户需求，并帮助客户解决问题的过程。如果不是针对客户需求进行销售谈判，那么一定不会得到满意的结果。

然而，大多数客户的需求并不是显而易见的，有时候客户会刻意隐藏自己的真实需求。我们可以通过分析客户基本信息，以及谈判过程的进行，来挖掘出客户的真实需求。

在保险销售谈判进行之前，我们经常通过了解客户的基本信息，来发现客户的价值观念、财务状况、成长环境和工作经历，进而来寻找客户对于保险产品的需求点。试想一下，一位年收入30万元的客户与一位年收入3万元的客户，保险需求肯定是不同的；一位年收入30万元、受过良好高等教育的客户与一位同样是年收入30万元，但没有接受过高等教育的客户，两者对于保险的需求肯定也是不同的。初步了解了客户需求之后，在进行销售谈判时，我们就可以有针对性地交谈。

中高级营销人员目标客户群体都是高端客户。全面准确地发掘高端客户对保险的显性需求和隐性需求，可以为成功谈判奠定坚实基础。一般来说，高端客户对保险的需求如下：

（1）养老、医疗、重疾及长期看护，保障他们年老时的生活质量：政府的基本社会保障必然不能满足这个人群，所以他们要另外购买个人养老年金及医疗等保险商品；

（2）投资需求：这个人群大多对投资已经有相当多的了解，可以轻松接触很多投资渠道，所以投资保险产品的主要考虑在于长期稳定的收益，而不是短期回报；

（3）子女教育：尤其是这个人群一般都希望孩子去最好的大学或国外接受最好的教育，对教育非常舍得投资，希望通过保险这个稳定的投资工具来达到这个目标，也保证不论自己发生什么意外，子女的教育金不会受到任何影响；

（4）给家人的保障：高端客户一般都是家里的主要或者唯一的收入来源，如果发生意外，会对家人的生活造成重大打击，无法维持现有的生活质量，所以他们的保障需求一般都会比较高；

（5）高端客户的特殊服务：相对于普通客户，高端客户一般都会要求更好、更有效率的服务标准，包括核保理赔的绿色通道、一对一的财务规划师服务、定期的健康检查及管理、定期的个人财务情况分析及保障调整、量身定做某些产品等。

3. 要了解实际谈判的人

我们在销售谈判中，经常会碰到这样的问题，前期谈判都非常顺利，到了最后即将要达成销售目的时，客户会说："不是我来作这个决定，我还需要和某某商量一下。"面对这样的问题，我们的谈判人员就会垂头丧气、束手无策。而且，这样的等待可能有几周，甚至客户就会杳无音讯。

这个问题提醒了我们，进行每一次销售谈判之前，要想方设法了解到，参与谈判的这位客户是否是最终的决策者。如果他不是决策者，那么谁是他的委托人。有很多谈判人员，根本没有了解这些情况就匆忙进行谈判，结果花费巨大时间和精力之后，得不到想要的结果。

其实，要想知道对方有多大权限，最简单、最方便的办法就是在初步谈判时采用一些委婉的询问方式，例如，"如果您不愿意谈这些事的话，那您的妻子就要多操心了，您可真幸福，有这样一位贤内助……"那些真正没有决策权的准客户在面对这类的询问时，通常会说出有决策权力人的名字或头衔；如果准客户对你的询问说不出明确答案，那常常代表他们就是真正具有决策权的人物，他们只不过是想用一个借口来搪塞你罢了。这时，我们不必非要听到客户的承认，而应该避过这个问题引导客户与你进一步沟通。

（三）市场信息

市场就是我们所经营的所有业务领域。要了解并熟悉这一领域，这将会使我们的谈判能够一帆风顺。市场的信息包括竞争对手的信息和行业发展的趋势两个方面。

1. 竞争对手

当前，每个行业的竞争都很激烈。同一时间段，可能会有数十家公司在参与竞争。我们的客户身边会有来自不同公司的营销人员，客户会进行对比和分析。作为一名销售谈判的高手，我们需要在谈判之前，收集竞争对手的信息，包括产品、价格和提供的服务信息。依据所掌握的真实信息比较，斟酌我们与竞争对手力量的强弱，找出自身产品的优势。在销售谈判过程中，突出优点，客户会更容易接受。

保险营销人员在与客户进行销售谈判时，会面对客户这样的疑问，"你们的产品与某某公司的产品有什么差别吗？为什么我要选择你们公司的产品？"如果我们事前进行了充分地调研，面对这样的异议就会轻松化解。

2. 行业趋势

我们不仅要了解自己、了解客户、了解竞争对手，还应该把握行业发展的趋势。市场的变化风云莫测，但是在一定时间段以内，发展方向和趋势是可以大致看清楚的。

例如，当前社会经济大环境不稳定，房地产、股票等投资渠道的风险很大，通货膨胀率又节节攀升。在大环境的影响下，保险产品风险低、保值的特点就会显现出来。保险公司会适时地推出一些分红型险种，帮助客户资产保值增值。我们在与客户进行销售谈判时，也可以根据这样的趋势来引导客户的需求。

三、信息的获取渠道

通过上面的内容，我们充分认识到销售谈判中信息的重要性以及信息分类的重要性。虽然在现实中，信息量很丰富，但是大多数保险营销人员还是认为获取客户的信息很困难。其实，信息的获取渠道包括以下几个方面。

（一）直接询问

我们访谈过的大多数中高级营销人员获取信息最直接的渠道，就是直接询问客户。这种方法看起来很唐突，但是，却是实践证明过的最有效的方式。在销售谈判时，我们的营销人员不会在第一时间跟客户谈论保险，通常会用拉家常的方式与客户寒暄交流。在这个沟通的环节，营销人员会用一些简单的问题来旁敲侧击，一般不会使用太直接的问题。所以，如果你要选用直接询问的方式来获取客户的信息，切记不要使用过于直白的问题。

（二）介绍人

在保险销售中，广大营销伙伴在开拓准客户环节，最常使用的方法就是转介绍。因此，我们可以充分利用介绍人来了解客户信息。但需要注意的是，我们同样不能使用直白的问题来询问客户信息。

故事分享

营销人员小桂通过表姐的介绍认识了一位女性客户。初次见面，小桂就觉得这位客户气质很好，穿戴得体，看起来家境殷实。但是，比较遗憾的是，小桂只拿到客户的名片，其他信息都不了解。于是，小桂在与表姐交流的过程中，经常会提到那位女性客户。在一次闲聊中，表姐无意中说起，这位女性客户工作很忙，经常去国外出差；同时，这位女性客户很爱买名牌包，有一次表姐去她家做客时，看到在她卧室的地板上放了十几个国际品牌的女式挎包。通过这些信息，小桂分析出这位客户经济实力不错，而且，这位女性客户很看重个人生活品质，是一位有品位的优雅女性。于是，小桂每次与客户见面都会送上一束包装精美的鲜花，客户也非常喜欢这样的礼物。

后来，随着小桂与客户的熟悉，客户在小桂这边购买了意外险和健康险。

故事分享中的案例在实际中经常发生，因此，我们营销人员应该充分利用介绍人这个资源来发掘客户信息。

（三）第三方

第三方信息来源经常使用在银行保险销售渠道。这里提到的第三方主要是指类似于银行、电信公司这样的组织。在银行保险销售渠道中，保险营销人员面对的客户都是与我们合作的银行提供的。银行不仅能提供客户的基本信息，还能提供客户固定存款、贷款、信用记录、交易记录等。从这些真实的个人金融信息中，我们可以进行客户的筛选，并挖掘客户需求。

（四）媒体

媒体是我们每一个人生活中不可或缺的信息收集渠道。报刊杂志、电视、互联网等，媒体的信息会源源不断、扑面而来。很多营销人员都会通过网络搜索的方式来寻找客户信息。在团险渠道，营销人员经常会在网上搜索公司的规模、经营状况等。

（五）社会关系网

中高级营销人员的目标客户群体都是一些大客户。大客户的主要特征就是经济实力雄厚，同时还有自己独特的兴趣。一些客户热衷于自

故事分享

报纸的意外收获

某营销人员曾经在早会中分享过这样一个经典的案例。营销人员进入公司五年后，业绩增长进入了一个瓶颈期。他在分析中发现业务受阻的原因是自己的客户质量不高，发现自己的客户群体里没有中高端客户。

营销人员通过思考想到了一种开发中高端客户的方法。他找出当年的报纸，在报纸上找到了深圳市政府评选出的"深圳市十大杰出青年"。报纸的报道非常详细，不仅有这些获奖者的个人专访，还介绍了他们学历背景、成长经历、工作成就。后面还附上了这些人的通信地址。

营销人员灵机一动，觉得这些人都是深圳市的高端人才，如果能与这些精英认识，那一定能开拓自己的客户群。于是，他根据每位精英的不同情况，亲笔写了完全不同的十封信，信中除了介绍自己的身份和工作经历，还对这些获奖者表示了尊敬。寄出去的十封信大多数都石沉大海，但是其中有两封，对方竟然回信了。其中有一位还主动向营销人员询问保险。通过这样的书信来往，营销人员与其中一位精英建立起友谊，那位客户还在营销人员这里购买了多份保险，并成为这位营销人员的影响力中心，通过转介绍的方法让营销人员认识了更多的高端客户。

驾游，会组成自己的旅游团；一些客户热衷于品尝美酒，会组成鉴酒协会；一些客户对于汽车颇有研究，就会加入车友会；还有一些客户喜爱参与公益活动，经常参加当地政府组织的志愿者协会；等等。不同的社会关系活动组织代表了不同的客户，因此营销人员可以通过参加这些协会来结识大客户，并通过一些社会关系网来发掘客户信息。

（六）市场调查

市场调查也是一种获取陌生客户信息的常用方法。市场调查可以随时随地进行，不受时间、地点的限制。同时，我们可以根据需要有针对性地询问客户的资料和信息。但是，这种直接寻找客户的方法经常会面对客户的拒绝，有时候客户也会因为戒备心提供一些虚假的信息，成功率相对不高。

第二节 力　　量

每个人在与别人交往时都会希望自己占据主导地位，是最有影响力的一方。在进行销售谈判时，那些最有影响力或者是最有力量的一方往往会在谈判时迫使对手作出更多的让步。如果甘心让对手来操纵或影响的话，显然就很可能得不到自己想要的结果。另外，如果知道哪些因素能影响对手，并知道如何使用一些具体的方法来形成这种影响力，就可以将形势控制在自己手中。

在力量上胜过对手并不是一件容易的事情，但它却往往能够直接影响一场谈判的结果，所以在接下来的内容中，我们来了解谈判中有哪些力量可以影响谈判的结果，以及如何在谈判的过程当中形成胜过对手的力量。

一、法定的力量

看到"法定"这个词，大多数人会产生敬畏的心理和距离感。这里的"法定的力量"不是严格意义上法律制定、认可、赋予的震慑力，而是指能够使得销售谈判对手产生敬畏心的力量。法定的力量在社会生活中经常使用，目的就是建立自己的权威性，使得对手认可和服从。

销售谈判领域中，一些谈判高手会形成自己法定的力量，促使自己在谈判中获得主导地位。我们经常见到的法定的力量有以下几种：

1. 宣传材料

生活中，人们似乎对所有的印刷品都存在着敬畏的心理，尤其是由一些授权的法定机关所印制的条款、规章或标志，更是具有很强的权威性。大多数人对它们深信不疑。这些具有权威性的资料可以帮助我们建立法定的力量。在销售谈判中，我们完全可以利用一些具有权威性的印刷品来达到我们的目的。

保险营销人员在进行销售谈判时，经常会使用一些印刷品。每年公司的年报正式公布之后，报纸都会刊登公司盈利、市场份额、分红情况等证明公司实力的数据。营销人员可以拿着这些报纸资料跟客户介绍，这种方法通常比口头表达更有效，客户也会容易接受和认可。

又比如，我们在跟客户讲解保险产品的保险利益时，会拿出具有法律效力的产品条款手册，客户看到条款手册就会充分相信我们提到的保障利益；在跟客户签署保险投保单时，投保单上会有告知事项栏，对于一些免责内容进行了法律上的解释。如果营销人员跟客户逐条讲明，客户会觉得我们的谈判流程很符合法律规范，这样会更认可我们的专业销售能力。

2. 头衔

另一个可以增加法定的力量的工具就是头衔。头衔可以展示经验，增加信誉。有头衔的人都有很强的权威感，因为头衔影响人。如果商业名片上写着"区经理"，那么对名片上印着"组经理"的人就有领导权。有调查显示，房地产代理销售公司中，任职管理部门的营销人员在名片上印有"营销主管"的头衔。这些营销人员表示，名片上印上"营销主管"以后，人们对他们的态度有所改变。

所以，如果商业名片上没有一个有分量的头衔，确实应该重新制作名片。如果有头衔，把它印在商业名片上、信笺上、名字牌上，因为头衔对人们有影响力。

头衔还有另外一种力量，就是可以让买主自动找上门。例如，如果你要带买主去什么地方，你应该让他们坐在你的汽车里，因为这会给你更大的控制力。如果你请他们吃饭，应该到你选择的餐馆，而不是到他们想去的地方，因为在那里他们是主宰。

3. 准确的市场定位

为自己的公司找到合适的、被业界认可的市场地位也可以形成自己的法定的力量。如果某家公司是最大的、最小的、最老的或最新的，它就拥有了法定的力量。公司代表可以声称公司是最全球化的公司，或者是最专业化的公司，可以告诉客户公司连续多年市场份额占据第一位，并有着几十年的历史。这样的信息会自动建立起法定的力量，在客户内心建立权威性。

二、认同的力量

故事分享

获得客户的认同

保险营销人员小王，进入公司五年，通过努力业绩很突出，同时还晋升为组经理，建立了自己的团队。小王从业以来，一直以自己高品质的服务获得客户的赞赏。小王坚信只有做好每一次服务，得到客户的认同才能达成每一次销售谈判的成功。

有一次，小王得知她的一位大客户想要为自己的女儿办一次精彩的生日宴会。于是，小王主动要求为客户策划这次宴会，客户也欣然同意。小王非常重视这个机会，不仅向身边的同事请教举办宴会的方法，还自己掏钱去购买了很多精美的礼品。这次宴会，从前期的活动安排、嘉宾邀请、会场布置，小王都是亲历亲为；宴会当天，小王还亲自下厨，烹制出可口的菜肴。最后，这场生日宴会办得非常成功，小王的客户对她赞不绝口，并把她介绍给了很多朋友。在宴会现场，也有很多朋友主动询问小王策划宴会的注意事项和做菜的方法。小王勤劳、能干的良好口碑瞬间就传出去了。

后来，小王的客户不仅在她这里加保，还有很多大客户都主动找小王咨询保险。

　　这就是认同的力量。销售谈判中，我们应该形成自己被客户认同的力量。得到大多数人的认同，集中多人的力量来分担风险，能扩大你赢的几率。由于大众共同分担风险，自然减轻了我们所面对的压力，使得风险在你面前变得可以承受。

　　比如，我们正进行一个非常伟大的计划，这时，不要在领导、家人或同事面前大声夸耀："这真是个了不起的计划，是我个人的成就，如果不能达到目标，我负完全的责任。"显然这是非常不明智的做法，应该在公司、家庭向每个人提醒道："这是我们共同的心血！"这样，大家都会有参与的感觉，人人都会支持自己参与得到的结果。

　　从别人那里获得认同，会提高自己的能力，更增强了自己的力量。这种认同不应该只是正在谈判这位客户的认同，而应该是与客户相关的所有人的认同。在开篇案例中，小王是通过自己的努力获得了客户朋友圈里所有人的认同。如果得到了身边的所有人的认同，那么销售谈判中就很难再听到反对的意见。现实中，很多营销人员只顾及参与谈判人员的认同感受，而不让其他成员也参与其中，这样做很有可能会导致前功尽弃。我们某位营销人员与一个家里的女主人关系非常好，但是营销人员并没有获得男主人的认同。虽然，女主人购买了保险，但是，在男主人的反对下，最后仍然选择了退保。营销人员的销售谈判还是失败了。

　　获得谈判对手的认同是取得信任的第一步，更为后续谈判环节开了个好头。因此，我们应该建立自己认同的力量。

三、专业的力量

　　当某个人认为或相信营销人员有较丰富的专业知识、熟练的技巧或较多的经验时，也就是有人把营销人员当做某方面的专家时，他的态度会从排斥转变为欣赏和信任。

　　在第二次世界大战中，乔治·巴顿将军曾率领联军进驻北非。不论在什么时候，巴顿将军都是以自我为中心。他认为他知道每一件事，无论是讲究平仄的诗篇还是复杂的弹道学。即使这样，他还是经常向他旗舰上的领航员不耻下问。为什么？因为领航员在航海方面的专业知识超过了巴顿的知识领域。

生活中，我们经常会对医生、律师等专业性强的职业产生敬畏心理。回想一下，你有没有碰过这样的事件。有一天，你突然觉得肚子疼，你就找了附近一家很大的、名声不错的医院，并且挂了专家门诊。在医院的入口处，你在专家介绍墙上找到了这位医生的介绍。这位医生拥有博士学位、十年的工作经验，而且还获得多项大奖。你的心里立刻感觉有了信心，并放松了不少。在诊断室里，当你告诉医生所有的症状后，你突然觉得这好像和三年前你曾患病的症状有惊人的相似。在接受了一些询问和做了一下简单的检查后，这位内科医生诊断说你得了肠炎。尽管这位内科医生对你的病症作出的诊断和你几年前曾患的病完全不同，但是你却对大夫告诉你的结果深信不疑。因为你不会愚昧无知地与一位知名的专家争论，对他说可能诊断错了。

今天，由于社会分工越来越细，人们会出现对专业人才尊敬和畏惧的倾向。在一场销售谈判中，专业知识的影响力所占的份额正在逐步扩大，因此，我们不得不考虑更好地运用专业知识这股强大的力量。

1. 学历证书

学历证书是能够证明在某个领域具有专业能力的最有效的手段。我们很多营销人员除了提升自己的学历以外，还会参加一些与保险领域相关的技能培训，获得资格证书。在大多数情况下，我们并不会直接将这些学历证书拿上谈判桌，让客户知晓，但是，在销售谈判中，我们在金融保险领域具有独到的见解、理性的分析，就已经向客户证明了我们专业的能力。

2. 从业时间和获奖经历

如果能在别人心中确立一个观念，让对方相信你在某个行业已经从业许多年了，对方就会容易相信你的能力和资历。丰富的获奖经历更是佐证了你在这个行业中工作表现十分突出。

例如，很多中高级营销人员都具备多年的从业时间，并且获奖无数。这样的经历不仅增加了他们的自信心，更为重要的是很容易向别人展示你的权威性。我们调查发现，中高级营销人员在面对大客户时，通常都不会出现畏惧、焦虑、无话可说的担心；同样，他们的大客户也会对营销人员产生信任和尊敬。

销售谈判一开始，营销人员就应该透露出自己的背景及在某方面有着别人难以企及的专业知识。这样做之后，别人可能会被这些介绍"镇住"，甚至完全放弃争论。换句话说，在一场销售谈判中，参与者们大都缺乏某方面的专业知识，很少有人是百事通。在这种情况下，在你擅长的领域，他们可能是一无所知。只要有可能，就要确实让对方知道你有某方面的专才。当然，事前要做好充分准备。如果这项谈判非常重要，那么就更应当在谈判之前花大量时间去做准备工作，快速掌握某方面的专业知识。如果对某方面的知识相当匮乏或者是一知半解，那么上上策就是保持沉默，千万不要随便发言、发没有把握之言，以免导致更大的损失。

总之，不可夸耀与虚伪。知之为知之，不知为不知，要想样样精通是不可能的。展示我们专业的力量目的就是为了获得客户的信任和认可。掌握合适的方法，准确地把握时机，一定会获得想要的结果。

故事分享

客户不知道的信息

营销人员在很多时候可以利用自己在保险领域的专业知识来打动客户。某营销人员的准客户中，有一位客户很年轻，对保险有很强的排斥心理，认为保险都是年老的人才需要购买的产品，自己很年轻根本不需要保险。营销人员就问客户："您觉得自己不需要保险，但是，也不是每个人保险公司都愿意承保。您知道购买保险还需要体检吗？"客户摇了摇头，表示很疑惑。营销人员继续说道："因为，人寿保险是保人的身体和寿命。您能否获得保障，保险公司还需要对您的身体进行检查之后才能确定。一般情况下，年龄大了，身体健康风险也就大了，体检结果就不一定会通过核保，到时候您想买保险，保险公司都不会让您买。年轻的时候，趁自己身体条件还很健康，购买一定保额的保障是不需要体检的。您只是在年轻的时候为存钱，保险越早购买越好！"听完营销人员的一席话，客户对营销人员另眼相看了，并认可和接受了保险。

故事分享

情景的力量

营销人员有一位准客户，45岁，私营企业主。客户学历水平不高，对保险很排斥。营销人员在销售谈判前期，主要是在跟客户沟通保险的重要功用。客户对这个观点不认可，并认为自己现在身体很健康，企业效益很好，未来的生活已经有足够的保障。营销人员暂时也没有更好的方法来说服客户。

有一天，客户突然主动给营销人员打电话，并要求面见，洽谈购买保险的事宜。营销人员接到电话觉得非常意外，客户的态度怎么会发生这么大的转变。面见之后，营销人员才明白事情的缘由。

客户的邻居也是一位私营企业主，家庭经济条件很不错。但是，有一天晚上那位邻居去小区旁边的公园散步，在公园门口被一辆失控的大卡车撞飞，当场死亡。邻居一家人立即陷入了巨大的悲痛之中，受害者的妻子是完全的家庭主妇，根本不懂得企业经营。很快，那家厂子就倒闭了。邻居一家的生活失去了经济来源。

这件事情带给营销人员的客户非常大的触动，他突然明白了人生意外无法预知，应该为自己的家庭购买一份保障。后来，营销人员顺利地促成了销售谈判。

四、情景的力量

情景就是在特定的场景中，特定的人群所具备的影响力。

日常生活中，我们对情景的力量一定不会陌生。例如，当我们走进医院时，医院的氛围、医生的白大褂都会形成情景的力量。面对医生时，我们会对医生的话深信不疑。又比如，在邮局工作的人也是具有情景力量的人群。他们在其他地方可能毫无影响力，但是，当他们可以决定是否接受你的包裹时，他们就拥有了一定的情景力量。

在保险销售谈判中，情景力量的使用也是随处可见的。我们身边的很多客户并没有保险意识，他们总觉得人生的风险离自己很遥远。但是，如果有一天他的亲人或朋友得了重大疾病，那么客户一定会想起保险的功用。如果这个时候我们再找客户销售保险，客户的认可度就会提高。又比如，现在保险销售中，经常使用的一种方法就是召开产品说明会。产品说明会的现场一定是气氛热烈的。这种现场其他客户争相购买的情景，一定会对我们销售提供非常大的帮助。在这种情景里，客户会相信保险营销人员的每一句话。因此，我们在销售谈判中，应该制造能够增加自己力量的情景，这些会促进我们谈判的成功。

五、坚持不懈的力量

坚持不懈的力量是巨大的。"只要功夫深，铁杵磨成针"、"愚公移山"等许多典故都证明了坚持不懈的力量。销售谈判中，如果能够做到坚持不懈，通常会获得最后的成功。

大多数人在进行销售谈判时，会过于看重最后的结果，因此，当对手表现出拒绝的意思，我们就会变得耐心不足，很快去寻找新的客户，做不到坚持不懈。坚持不懈力量的形成往往是从个人性格的改变开始的。另外，坚持不懈的目的是为了让客户信任我们，并且能够在一定程度上给客户造成时间压力。

第三节 时 间

一、时间的普遍原理

在销售谈判中，不管双方关系如何，压力都像空气一样自始至终遍布在谈判桌的每一个角落。谈判的双方在每个环节都在或明或暗地向对手施加着各种压力，每个谈判的参与者也都同时在试图顶住来自对方的各种压力，因为他们深深地清楚，先顶不住压力的一方将会最终失去大部分利益。

因此，如何将压力化为己用便成为了一个值得研究的课题。销售谈判中有一种重要的无形力量，那就是时间。任何谈判的时间都是有限的，谈判双方都想在有限的时间内达成协议，他们也清楚谈判不可能无止境地持续下去，因此在谈判中双方都会感受到时间带来的压力。然而，大多数人在与谈判对手交涉时，总是不自觉地将时间的压力放在自己身上，而这种压力一定会影响他们的正常的表现。事实上，在时间的压力下，一方经常会作出他们本不愿意的让步，也经常会出现不应该的错误，例如，在谈判末期很容易同意较高的价格折扣，或忽视一些合同中的重要细节。因此，谈判双方都应考虑如何才能更有效地利用时间，运用得好的一方将取得谈判优势。

（一）　二八法则

为了更加清楚地了解时间压力，现在，请仔细回想一下你的谈判经历，是不是越临近谈判的尾声，双方达成一致的意向就越多？虽然可能存在一些特殊情况，但这一点还是具有普遍性的。在一场漫长的谈判中，大部分时间双方都会针锋相对、坚守各自的原则底线，但到了最后收官阶段，可能因为谈判时间的限制、身心的疲惫或者其他原因，大家都不自觉地加快了谈判节奏，对在此前比较尖锐的问题双方都会作出一定程度的让步，双方的思想好像在忽然之间变得更加灵活了，行动变得更加默契了，这在谈判之初是绝对不可想象的。这种现象并不是谈判者故意而为，而是一种正常的心理表现。

这种先紧后松的谈判现象偶尔也会被谈判者利用，他们称为时间压力策略。意大利经济学家和社会学家维尔弗雷多·帕累托（Vilfredo Pareto）曾经在《经济学教程》中提出了著名的帕累托法则（又称二八法则）。1906 年，他在意大利经过观察研究得出，意大利 80% 的财富都集中在 20% 的人手中。这个原理经过多年的演化，已变成当今管理学界所熟知的二八法则，即 80% 的价值是来自 20% 的因子，其余的 20% 的价值则来自 80% 的因子。我们可以在当今社会的各个领域看到帕累托法则的应用。例如，在企业中，通常 80% 的利润来自 20% 的项目或重要客户；心理学家认为，20% 的人身上集中了 80% 的智慧。具体到时间管理领域，是指大约 20% 的重要项目能带来整个工作成果的 80%。在销售谈判中，一方面，双方在谈判初期很少作出让步，双方所作出的 80% 的让步都是在最后的 20% 的时间内完成的，而前期都是在做铺垫工作；另一方面，当谈判一方在最后的 20% 的时间提出要求时，对方往往更容易答应。

二八法则告诉我们，时间可以在谈判过程中给参与谈判的双方都带来难以置信的压力，然而，了解并有效运用二八法则会给销售谈判带来意想不到的收获。

（二）沉没成本

沉没成本是指由于过去的决策已经发生了的，而不能由现在或将来的任何决策改变的成本。在销售谈判中，不管现在你的谈判已经进行到了哪个阶段，你之前所有为了此次谈判已经花费的时间成本都可以算做沉没成本。

大多数人会认为，已经投入的时间和金钱一定有它们的价值，不能让它们白白付出。事实上，我们对于沉没成本的认识总存在这样或那样的误区。下面几点是每一个人，尤其是保险营销人员应当清楚的：

1. 不要总是惦记沉没成本

2001 年诺贝尔经济学奖得主斯蒂格利茨教授说，经济学家往往忽略"沉没成本"——这是一种睿智。他在《经济学》一书中说："如果一项开支已经付出并且不管作出何种选择都不能收回，一个理性的人就会忽略它。这类支出称为沉没成本。"接着，他举了个例子："假设现在你已经花 7 美元买了电影票，你对这场电影是否值 7 美元表示怀疑。看了半小时后，你最害怕的事情发生了：这场电影简直是场灾难！你应该离开电影院吗？在作这一决策时，你应该忽视这 7 美元。这 7 美元是沉没成本，不管是去是留，这钱你都已经花了。"这个例子生动地向我们说明了应该忽略沉没成本。

因此，在销售谈判中，不管你已经付出了多少时间——几周、几个月甚至几年，在你认为谈判已经没有必要进行下去的时候，果断地把它暂时搁置。你也许会想，"我已经在这个客户身上付出了那么多精力，如果我现在退出，岂不是浪费了？"但事实上，营销人员的时间是最宝贵的东西。当你把全部时间都耗在一位客户身上时，你也许已经错失了很多机会。因此，在进行销售谈判的时候，不要总是惦记沉没成本，你需要有选择地放弃。

在选择放弃的时候，你同样需要拥有良好的心态——不要认为自己前功尽弃了。事实上，虽然花费的时间成本是无法挽回的，但营销人员与客户的前期谈判一定会对整个谈判过程有积极的效果。拥有一个正面、积极的心态对于保险营销人员是很重要的。

2. 使用沉没成本引导客户

在了解沉没成本之后，我们不仅要避免自己被其牵制，还可以利用它对销售谈判起到的帮助。沉没成本的效用是双向的，客户自身也会受到它的影响。在谈判时，我们可以适当提醒客户他/她已经在此谈判中投入的时间，客户感受到的压力很可能会对谈判造成积极的推动。

（三）双方时间的不对等性

保险销售谈判同其他谈判有一个显著的不同点，那就是双方的时间是不对等的，也就是说，双方并不总是同时拥有谈判时间，而他们的可用谈判时间也是不同的。

在销售谈判中，谁拥有更多的时间，谁就有更多的主动权。比如，对于营销伙伴来说，每个月都有业绩考核，需要销售出一定的产品，这无形中带来了时间压力。但是对于客户而言，作出购买决策的时间，理论上是无限的。因此，就"时间"这一因素而言，客户占有更多的优势。

二、应对时间压力的方法

（一）让客户认为你的时间很宝贵

保险营销人员的时间是很宝贵的，我们把大部分时间都花在了客户身上，与他们交流、沟通、维护关系等。我们在付出这样的时间的背后都有着同一个目标，就是希望通过这些时间能够换取保单交易的达成。

事实上，客户心里也非常清楚这一点。然而，如果当客户因此而认为我们的时间很宝贵，我们就会处于一种危险的境地。对于营销人员来说，客户是最为宝贵的资源，更是存在着"客户就是上帝"这种说法。例如，某位营销人员对于客户的每次来电他都会接听，即使是当他在参加培训，也会走出教室去接听电话。表面上看起来这位营销人员非常重视自己的客户，但事实上他的这种做法会使得客户认为该营销人员有的是时间，可以召之即来，挥之即去，从而对其产生一种不重视的态度，进而对他提出的保单规划等也会产生影响。因此，保险营销人员不要在客户面前显示出一副"我有的是时间"的模样，而要让客户认为你的时间很宝贵，从而珍惜每次与你面谈的机会。

（二） 学会合理分配时间

有些主管曾反映过这样一种情况：一些新人在与客户进行销售谈判时，常常不懂得合理分配时间，导致最终在一位客户身上投入太多时间，到头来往往"赔了夫人又折兵"。保险营销人员需要对未来一定的时间段有一个清晰的时间规划，这个时间段可以是一个月，也可以是一周，但是无论如何一定要合理地分配针对不同客户所花费的时间，切勿影响自己的整体进度。

（三） 不要让客户知道你的截止期限

同其他谈判不同，单个保险销售谈判一般没有时间的限制。然而，由于考核和业务活动等一些原因，有时我们需要在固定日期之前通过销售谈判签单。请注意，在销售谈判中，千万不要让客户知道你的截止期限，哪怕明天是"开门红"业务活动的最后一天，你可能很需要这张保单，但也不能告诉客户你很急，因为这样做客户会怀疑你的动机，进而质疑你的专业性。要想避免这种情况的出现，我们就应该在谈判开始之前有充分的准备，并给自己留出谈判可回旋的时间。

（四） 创造虚拟截止期限

根据二八法则，在任何时间段的临近截止期限前，人们都会越来越感受到时间压力，从而容易作出一些妥协或达成协议，保险销售谈判也不外乎如此。既然保险销售谈判并没有固定的截止期限，我们就可以自己"创造"出一些截止期限。当然，这些期限并不是我们凭空捏造的，而是根据一些特殊的日期，如客户生日、节假日、产品最后销售期限等，使客户产生压力，从而达成销售谈判的目的。

故事分享

创造虚拟截止期限

某客户的生日前夕，在营销人员与客户在就一份康宁终身保险进行销售谈判的过程中，营销人员说到，"您的生日就快要到了，我们都知道年龄越大保费越高，如果您现在购买康宁终身保险，可以少交好几百块钱呢。"客户认为有道理，便趁自己还没过生日签下了这份保单。在这个案例中，营销人员将客户的生日作为一个虚拟的截止期限，以此向客户制造时间压力，从而促成了这份保单。

保险营销人员在进行销售谈判时要灵活处理，在掌握客户信息和心理的基础上，利用各种截止期限来促进销售谈判的目标达成。

第四节　关　　系

一、关系的重要性

成功的销售谈判不仅涉及产品、价格和谈判策略，更需要良好的双方关系奠定基础。对于营销人员而言，客户关系是他们在长期的销售过程中一直需要面对的问题，而利用已有的关系更好地开拓客户资源也是营销人员的成功法宝之一。然而，很多营销人员对关系营销有着片面的认识，认为关系营销就是请客送礼，跟客户关系好是保险销售的决定性因素等。事实上，在销售的各个环节都可以有效地运用关系，从而开展长期的、稳定的销售。

（一）关系在销售中的重要法则

在任何销售中，都有这样一句话，它被广大的营销人员所验证并遵循。这句话就是：

在同样的条件下，客户会向他们认识、喜欢并信任的人购买产品。

这就是销售中关于关系的一条重要法则。它的意思就是，如果对于一位客户来说，他面前的两位营销人员拥有相同或相似的产品，价格也差不多，那么他往往会选择从他比较熟悉、喜欢的那位营销人员那里购买产品。根据大量事实来看，情况的确是这样的，关系的重要性在这里便凸显了出来。

在市场竞争日趋激烈的今天，各种产品的同质化已经愈演愈烈，而保险产品也不例外。事实上，保险的销售往往是一种长期性的销售，这就对保险营销人员的关系运用能力有着更高的要求。因此，当今的销售是以关系为导向的，而在保险销售中，这种关系甚至可以统治整个销售过程。合理、有效地运用关系，会使得销售超越产品本身。

那么，如何才能成为客户认识、喜欢并信任的人呢？这显然不是一个一蹴而就的过程。俗话说，"心急吃不了热豆腐"，人的互相熟悉和信任都是需要一定过程的，保险营销人员与客户也不例外，需要我们在一个较长的时间段内与客户逐步交流、沟通，才能达到这样的效果。

（二）中国式关系

对于每一个中国人来说，关系是在做任何事情几乎都会用到的事物。从吃饭、看病到企业间的合作，我们生活中的每一件事情都需要关系。而各种关系的建立、维护、应用，已经发展成了一门复杂的艺术。

在销售中建立良好的关系是一个放之四海而皆准的规律。在西方，双方一般是在商务合作达成之后，才在此基础上建立私人关系；而在中国恰恰相反，我们大多数是在了解对方这个人甚至非常熟悉对方之后才会和对方进行生意往来，正是如此才导致了很多"人情生意"的屡见不鲜。

既然是在中国进行保险销售，我们就要遵循中国的关系准则，掌握关系的特点——先建立与客户之间的个人关系，在此基础上展开销售谈判。

二、如何建立良好的关系

（一）建立信任

在人类的任何人际关系中，信任都至关重要。对于谈判，也是如此。信任是对另一个人或一群人有信心的表示，相信自己不会被他人的行为所伤害、迫害或置于风险境地。而且，大多数人际关系中都含有某种诱因，使人们的表现不值得信任。在保险销售中，由于一些误区或偏见，导致很多时候客户对于保险营销人员有一种不信任感。而当客户对于营销人员完全不信任时，谈判是根本无法进行的。可以说，信任是谈判的基础。

建立信任有两种途径：理性途径和感性途径。理性途径是建立在理智和深思熟虑的基础之上的，而感性途径则是建立在直觉和情绪的基础之上的。在销售谈判中，通过理性途径和感性途径建立信任的出发点是不同的。

理性途径有达成共同目标、拥有共同话题、着眼于未来等。

然而，人们往往不自觉地从感性的方面对对方产生信任。人们不会明确地谈论这些因素，但事实上通过感性途径建立的信任往往更加牢固。

感性途径主要有：

1. 相似性

人们往往会喜欢跟自己相似的人，不管是外表、背景还是习惯。"物以类聚，人以群分"。人们倾向于某方面或多或少和自己相似的人。年龄上相似、兴趣上相似、文化修养相似、专业特长相似、态度观点和思想信仰上的相似、社会和经济地位相似，易使彼此感到平等而相互吸引。

故事分享

利用相似性赢得客户的信任

有一位保险营销人员在同一位女性客户聊天时，得知对方是一位离异的母亲，既要忙碌事业又要照顾自己的孩子，言谈之中透出感叹自己的辛苦。这位保险营销人员便向客户主动提到了自己是从单亲家庭长大的，非常能够理解客户的不容易。客户听到这里感受到了理解与感动，对该营销人员更加信任。

在销售谈判时，我们可以有意识地寻找一些与客户身上的相似性，并谈论该话题，使客户建立对我们的信任。

2. 单纯曝光效应

我们对某些事物——一个人、一个目标或观点——接触得越多，就越会渐渐地喜欢上它。单纯曝光效应的影响力极强，而且往往是在不自觉中产生的。例如，从某种程度上来说，我们看到某种产品的电视广告越多，就会越喜欢这种产品。

聪明的营销人员就会在谈判之前使对方与自己熟悉起来，而不是简单通过一次见面就急着进行销售谈判。我们在公司的职场都常常可以看到这样一句标语，"一天一访，就地阵亡；一天两访，摇摇晃晃；一天三访，还算正常；一天四访，有车有房；一天五访，黄金万两；一天六访，走向辉煌"。这句话反映出多次拜访客户的重要性。拜访客户并不一定要过高频率地出现在客户面前，那样只会适得其反，引起客户厌烦。但是，适时地拜访客户是非常重要的——既可以保持联系，又可以逐渐让客户对自己产生信任。

3. 互惠互利

俗话说，"拿人手短，吃人嘴软"。这句话说明当我们接受别人的恩惠时，会觉得有义务以同等或更多的事物回报别人提供或赠送给我们的事物。这是几乎所有人都认同的原则。亏欠别人的感觉具有非常强大的力量，例如，我们甚至可以看到有的人由于种种原因未能报恩，会让下一代去偿还。一般来说，如果人们从别人那里得到了恩惠却不能偿还，他们就会感到痛苦和不安。我们将会在后面的一节谈到如何利用这一法则改善与客户的关系。

4. 闲聊

很多时候我们会与客户聊一些保险之外的事情，如天气、客户的生意、子女情况等。闲聊通常看起来似乎没有什么明显的作用，事实上，闲聊对于我们表达对他人的喜爱和信任有着重要的影响。在进行正式的销售谈判前，往往还可以起到融洽气氛和拉近关系的作用，这一点我们在后面的章节将会讲到。

5. 赞美

每位保险营销人员都知道赞美的重要性和作用，正是因为人们都喜欢别人称赞自己，赞美才成为一种屡试不爽的真理。记住：赞美一定要发自内心，而且真心称赞并非只是"逢物加价、逢人减岁"的客套公式，你必须发挥观察力，找出对方独一无二的特质。从利益角度考虑，最有效的赞美应该是赞美别人认为重要却又有些不自信的地方，而赞美内在美往往比赞美外在美更让对方高兴。

我们在赞美客户时一定要注意以下几个方面。

第一，如果是新客户，不要轻易赞美，只要礼貌即可。因为大家还不是很熟悉的情况贸然地去赞美客户，只会让其产生疑心乃至反感，弄不好就成了谄媚。

第二，如果是老客户，下次来的时候一定留意其服饰、外貌、发型等有无变化，有的话一定要及时献上你的赞美，效果非常的好。

第三，从具体的事情、问题、细节等层面赞美会使客户更高兴，比如，你可以赞美其问题提得专业或者看问题比较深，这样有时反而更加让客户感觉你的赞美很真诚。

第四，最好借别人的口去赞美客户。比如，你可以说："是的，我的另一位客户也说你很有品味！"

第五，客户购买产品后，也要通过赞美来坚定客户购买的信心。一般来讲，客户购买完产品后，总是怀疑自己买亏了或者买得不合适，所以他们会去询问身边的朋友、亲戚、家人来判断自己这次所买是否合适。所以如果买完后你能对他说："先生/小姐，恭喜您获得了一份保障！这款险种非常适合您，也是当前我们公司热销的险种。"客户心理会很舒服。

永远不要吝惜赞美，英国前首相撒切尔夫人的前主任干事约翰·韦瀚曾说过，"我从主任干事的工作中学到的就是，人们承受赞美的能力是无限的"。

6. 流露真情

当别人在我们面前流露真情、潸然泪下的时候，我们的心往往会受到触动，从而对对方产生一种怜悯和同情，然后不自觉地也敞开自己的心扉。流露真情是一种表现自己脆弱的方式，通过这种方式可以拉近与别人之间的距离，同时也是暗示别人表露信息的一种方式。

（二）选择方式和话题

关系营销的机会几乎每天都有，而且它无时无处不在。在商务会议、老乡会中，甚至运动场、家长会、学习班、旅游中，我们都可以开展关系营销。也许有的营销人员会认为，在某些场合开展关系营销会有些冒昧，害怕对方反感，但是，请记住：

如果你正确得当地开展关系营销的话，对方并不会感觉到你正在进行关系营销。

怎样让别人感觉不到呢？很简单，就是使对方热衷并投入这次谈话。如果对方对你滔滔不绝，他还会感到你在进行关系营销吗？当然不会。而且你会发现，通过这样的谈话，你既帮助了别人也帮助了自己。

让我们先看如何同陌生人开展关系营销。首先需要进行的就是自我介绍，通常配合一个坚定有力但并不冒失的握手，一般对方也会将自己的名字告诉你。

怎样才算好的商务自我介绍？前台湾爱普生幕僚长邱天元认为，首先，时间不能太长，通常不超过 1 分钟；其次，要达成 3 个目的：让别人记得自己、让别人记得自己的专长、让别人想到你的专长时，也能找到你。

下一步就非常重要了。在自我介绍之后，我们打破了陌生人的隔阂，接下来，将 99.9% 的谈话内容集中在询问对方以及对方的职业上，而不要过多地谈论自己以及自己的职业。为什么？因为对方很可能毫不关心你的职业，他想谈论的是他自己以及他的职业，那就让他谈吧！记住，我们大多数人往往会进行"以自我为中心"的谈话，而事实上在销售中"以他人为中心"的谈话会更受客户欢迎。

有这样一位成功的总经理，能够叫出公司所有员工的名字，这位总经理见到每个人，除了姓名外，一定多花几分钟了解对方的学历和背景，在加深印象的同时，也传达了关怀。有时相对高阶的人愿意亲历亲为处理人际事务，反而会增加好印象；在某些商业场合，如果我们事前知道会面对象，不妨先做些功课，了解对方喜好，以打开话匣子。

本着"以他人为中心"的谈话原则，这个时候就需要另一种有力工具——提问。我们所需问的是开放性问题。开放性问题就是指给出了问题的条件，但对方无法用简单的"是"或"否"回答，而需要去探索答案的题目，这种问题自然会引出深入的交谈。当然，这种交谈一定是要令人愉快的，因此我们要问一些"令对方感觉良好的问题"。简单说来，令对方感觉良好的问题本质上就是使对方自我感觉良好，对此次对话感觉良好，从而对我们营销人员感觉良好，哪怕对方刚刚认识我们。

这里有几个根据许多成功营销人员的经验总结而出的问题，这些问题都是非常友善并使对方很乐意回答的。每个问题的答案都能告诉我们对方的一些信息和想法，更重要的是引起对方的好感。

您是什么时候开始您现在的事业的？

您认为您的事业带给您的最大收获是什么？

您能不能给这个行业的新手们一些建议？

您认为您所从事的行业未来的发展趋势是什么？

能不能描述一下您做生意的过程中最有趣/令人难忘的事？

……

上述问题只是一些例子，这些问题的共同点是引起对方的兴趣，并暗示对方在他所从事的行业取得了一定的成就。通过这些提问不仅可以让对方开口谈话，还能让他们获得极大的满足感以及对我们的好感。

三、如何维护良好的关系

（一）建立人情账户

我们在前面的章节已经提到过一些小恩小惠对人产生的影响。的确，有时也许我们自己都忘记了曾经帮助过别人的一个小忙，但那个人可能一直都记得，甚至会"滴水之恩，当涌泉相报"。当我们付出的时候，一定要记住，"付出总有回报"，所有的付出最终会像滚雪球一样带来巨大的效应。但是，这个规律有时候很快就见效，有时却又需要很

故事分享

别出心裁的礼物

别出心裁的礼物更会引起客户的感动。有一次,某分公司业务奖励活动是前往九寨沟旅游,有位保险营销人员获得了三个名额,便邀请一对客户夫妇前往。其间,这位保险营销人员为客户拍了很多照片。当旅游结束返程后,他将这些照片冲印出来,制成了一本精美的相册,专程到客户家中把这本相册送给了客户,客户非常喜欢,也非常感动,从此与该保险营销人员建立了牢固的信任,并又在他那里购买了许多保险。

多年的时间。但是不管怎样,千万不要带着一种必求回报的心态去帮助我们的客户,而是真诚地去服务客户。那么,我们可以帮助客户做什么呢?

1. 送礼有道

每一段时间向客户赠送一些小礼品。但是,并不是简单地赠送礼品就够了,这也是有窍门的。我们最好选择印有公司名字或标志,或印有个人照片的礼品,如便签纸、台历、笔记本等。这些东西成本不高,却拥有奇妙的作用。因为这些东西都会被客户摆在桌子上并且经常会用到,因此,当他们不断看到公司标志或你的名字的时候,就会逐渐对你熟悉起来。而这些东西作为消耗品用完之后,我们便又可以继续向客户赠送这些小礼品,并再次获得与客户见面的机会。

礼品的选择当然也不能千篇一律,而是要根据客户来分类选择。例如,我们可以把上述提到的那些小礼品作为一般性的选择。除此之外,我们还可以在一些特殊的日子给客户一份惊喜。例如,有一位保险销售精英在她的客户过生日的时候都会送上一束鲜花,这样长此以往便与客户建立起一种长期的牢固的关系;另一位保险销售精英在每次与客户签单之后都会向客户送去一束鲜花,并附一张手写的卡片;此外,还有一位营销人员常常会给客户送去一箱箱水果，让客户分外惊喜；有的营销人员也会有针对性地送给客户他们需要的东西，比如，给刚刚生完孩子的母亲送去一本名为《育儿百科》的书。这些礼物，有的虽然成本不高，但礼轻情义重，至少表达了与客户长期合作的意愿。其实这些行动有时都不需我们亲自去做，只需打电话给鲜花或水果公司，告诉他们客户的地址就可以了，但这会让客户非常感动，感觉自己受到了重视。

2. 把客户放在心上

时时将客户放在心上，用真诚去经营你的客户，这其实是另一种层次的服务。这一点说起来容易，但若认真去做却需要付出很多持续不断的实际行动，更重要的是需要一颗真诚的心。我们需要把客户当成朋友一样相处，同时请记住：想要别人为你做事首先要为别人做事。

一位社会心理学家罗伯特·乔蒂尼博士在他的著作《影响力——说服和影响的心理学——科学与实践》中，把一种想要回报的心理称为"互换法则"，他的书提供了一些突出的论据和案例来证明这种心理的力量。乔蒂尼说，这条法则表明，我们人类会自然地试着去回报那些为我们付出的人。因此，我们首先要了解并记住客户的一些信息，如职业、公司名称、子女情况，甚至一些生活上遇到的问题等。我们并不需要总是提供实物上的帮助，有时候我们可以提供一些有用的信息，或者向客户介绍生意。

我们会发现，一些成功的营销人员往往是积极主动的给予者。他们总是时刻把客户放在心上，关注那些与客户有关的信息，不管是客户非常需要还是有潜在需求的。而且他们在给予的同时并不索取回报。有人把这称为"无形的资产"，就是指我们的知识、信息和所建立的关系网。

（二）建立威信

当你在一个固定的地域或人群中树立了一定的地位，使得人们一旦想起保险就会第一个想到你，那么恭喜你！怎样才能在客户心中拥有这种地位呢？除了前面我们讲到过的那些技巧，还有一点是最重要的，那就是树立自身威信，让自己成为客户心中的权威——保险销售精英或高级理财顾问，当这种威信建立起来之后，我们在进行销售谈判的时候就会更加具有说服力，更加游刃有余。做好以下两点，相信你一定可以建立自己的威信：

1. 专业胜任

我们做任何事情都喜欢挑选该领域最为专业的人，这个规律就可以解释为什么医院的专家门诊收费那么高，而且需要提前预约。客户购买保险产品也是如此，因为保险是一种特殊的产品，只有当客户信任我们，才愿意把资金以及后续的服务交付给我们。因此，当营销人员越专业，客户愿意向其购买保险产品的可能性就越高，很多客户甚至会慕名而来。

作为保险营销人员，我们应当秉承"专业胜任"的营销理念，不断学习，掌握包括公司险种、金融理财、市场营销等各方面的知识，以自身的专业赢得客户的信任。

2. 售后服务

服务是保险销售中一个非常重要的方面，服务的好坏会直接决定客户对我们的评价，以及客户接下来是否会继续通过我们购买保险。当一位客户认同我们时，他/她会把我们推荐给周围的亲朋好友，而同理则相反，若服务不周，也同样会被很多人甚至更多人得知，严重影响自身声誉。为客户做好服务，包括及时签送回执、送达红利通知单、办理保全、协助理赔等，是每一位保险营销人员应该做到的。所以我们每一位保险营销人员都应到做到真诚地为客户服务。

（三）注重签单之后的工作

做任何事情都要有始有终。在心理学中，开始时和结束时给人的印象是最深刻的。一位推销大师曾经这样说过：真正的销售始于销售之后。千万不要认为产品卖出去了就大功告成。其实，把产品卖出去只不过是销售的开始罢了，真正的重头戏是之后的工作。

在签单之后，我们首先应当对客户说，"恭喜您又获得了一份保障"！这句话的意义在于让客户感觉到他们的购买决定是正确的。除此之外，我们还应道一声"谢谢"，向客户表达感激。一句"谢谢"会让客户感觉到签单之后营销人员不会抛下他们不管，客户的心里会感到很踏实。

美国的汽车销售大师乔·杰拉德就是我们的楷模。每当他成功销售出一辆汽车后，他总会对客户到他这里来购买汽车而表示感激。在乔的汽车推销生涯中，他从不会忘记在成交后真诚地对客户说："谢谢您！我想让您知道我是多么感激您的合作和支持，我保证尽一切所能为您提供最好的服务，以此证明您从我这里买车是一个正确的选择。"有些时候，乔还会接着说，"我还想让您知道一件事情，我绝不会让您失望。我真心感谢您从我这儿买车。相信我，如果您需要我，我随时可以为您提供最优质的服务。另外，我还想再说一句，我打赌您绝不会再到别人那儿去买车，是吗"？客户听到这些话，心中肯定会高兴万分，进而答应他。这样，乔无意中又为自己赢得了一个长期客户。

我们应当尽量维护一种良好的关系，因为这种关系不仅维护了客户，更有可能帮助我们不断开发新的客户，扩大我们的客户关系网。优秀的营销人员是永远不会卖完东西就把客户抛之脑后的。与客户保持长期的联系，提高客户的心理满足感，是持续提升我们的保险销售业绩的不二法则。

知识回顾

◆ 客户的信息主要是以下几个方面：基本信息（包括客户的姓名、性别、年龄、工作单位、职务、家庭成员、家庭住址信息等），需求点（客户想要从本次销售谈判中获得什么收益，如养老、医疗、投资需求、子女教育、给家人的保障等）。

◆ 信息的获取渠道：直接询问，介绍人，第三方，媒体，社会关系网，市场调查。

◆ 在进行销售谈判时，那些最有影响力或者是最有力量的一方往往会在谈判时促使客户作出更多的让步。

◆ 在同样的条件下，客户会向他们认识、喜欢并信任的人购买产品。

◆ 建立信任有两种途径：理性途径和感性途径。理性途径是建立在理智和深思熟虑的基础之上的，而感性途径则是建立在直觉和情绪的基础之上的。

◆ 感性途径主要有：相似性（人们往往会喜欢跟自己相似的人，不管是外表、背景还是习惯。"物以类聚，人以群分"），单纯曝光效应（我们对某些事物——一个人、一个目标或观点——接触得越多，就越会渐渐地喜欢上它），互惠互利，闲聊，赞美和流露真情。

◆ 维护良好的关系：建立人情账户，树立威信，注重后续服务。

学以致用

在学习了销售谈判的四个要素之后，小王的团队成员们开始重新制订销售方案，他们事先充分收集客户资料，在与客户沟通过程中认真了解客户的需求。针对那位身价几十亿元的客户，营销伙伴了解到，这位客户白手起家，跟随他创业的20多人现在都成为了公司的高管，薪水丰厚。除此之外，客户私下为这些高管们每人准备了大约30万元的"私房钱"，以使得这些高官们能应对因为患病或者其他突发事件所必需的不时之需。这位客户如此的做法让营销伙伴大为敬佩，也从中找到了切入点——如果把这笔钱的一小部分拿出来，购买保险，建立起一个更完善强大的金钱系统，让保险公司分担客户的担忧，岂不两全其美吗？

在小王的指导下，这位营销伙伴一扫颓风，叩开了那位拥有数十亿元身价的客户的门。这一次，他自信满满。

第三章
销售谈判流程

□ 销售谈判前的准备

□ 开局谈判

□ 中场谈判

□ 终局谈判

关键术语

开局谈判　中场谈判　终局谈判

知识要求

◆ 理解销售谈判前的准备工作的重要性
◆ 掌握并能运用开局谈判技巧和策略
◆ 掌握并能运用中场谈判技巧和策略
◆ 掌握并能运用终局谈判技巧和策略

技能要求

◆学会将开局、中场、终局谈判技巧和策略运用于实际销售谈判中

　　小王经过老客户转介绍，今天去约见一位老总——林老板。到了林老板公司，秘书接待，来到林老板办公室，似乎一切都很顺利。可是，见到林老板的那一刻，他对小王不怎么搭理。小王感受了林老板对自己的轻视，可是他经验丰富，依旧礼貌而沉着地拿出自己的名片递给林老板："林老板，您好，初次见面，请多关照。这是我的名片。"

　　然后接下来的事情却出乎了小王的预料——林老板单手接过名片，看都不看，就把名片当着小王的面撕碎了！

　　一句话都没有！

　　这可怎么办？林老板实在是欺人太甚，名片可是脸面，就这么撕破了？

　　发脾气？这是营销的大忌！

　　忍了？可是当自己得不到尊重、遭到羞辱的时候，就这么忍气吞声吗？

　　还没开始交谈，小王就陷入了两难的境地，他会如何处理呢？

第一节　销售谈判前的准备

论及谈判，一般流程分为：开局谈判、中场谈判和终局谈判；谈到销售，大致流程从约洽客户开始，到面谈、异议处理，再到促成。无论是谈判高手还是销售高手都知道，在这些流程之前，还有一个非常重要但却容易被人忽视的环节——销售谈判前的准备。

一、准备的重要意义

"凡事预则立，不预则废"。在整个销售谈判的流程中，最基础又重要的一个环节就是事前的准备。在寿险销售谈判过程中，只要确定了目标对象，就需要针对整个销售谈判所需要条件，进行精心的准备，为以后的环节打好坚实的基础。简单地说就是要因事制宜，针对不同的客户制定不同的销售谈判策略，关系到如何构建与客户对话的平台、如何应对拒绝、如何进行产品介绍、如何达成共识等一系列动作。

在销售谈判前的准备阶段，需要准备的内容主要包括三个方面：第一，营销人员的自我准备；第二，对客户有关信息作收集准备；第三，其他的准备措施。

（一）自我的准备

1. 与客户关系的经营

在保险销售谈判过程中，能否让谈判顺利地进行下去，其中一个非常重要的因素就是需要判断目标客户与自己的人际关系情况。从中国的传统的行事习惯来说，关系往往起着非常重要的作用，特别是对于保险产品来说，必须先要客户接受营销人员，才有继续谈下去的可能。"对方是否已经接受自己了"，"接受到什么程度"，这些都是需要营销人员在准备的阶段必须考虑的问题。如果在谈判开始前，与客户的关系经营不到位，在后续的销售谈判过程中就容易出现一些意料外的困难和障碍。

2. 自我的心理准备

一个成功的营销人员首先就必须对自己和自己所销售的产品充满

信心，坚信自己的产品能够给客户带来利益，否则您不可能真正认同您的工作。将一个适合客户的产品带给客户，销售工作的本身是赋予了我们这一内涵。

（二）客户信息收集准备

实际上，销售谈判前的准备主要是一个深入了解销售对象的过程，这对于准确认定客户的潜在需求，制定销售谈判策略，推荐适合客户需求的产品等是非常重要的基础工作。

销售谈判方案正确与否，在很大程度上决定着谈判的成败得失。一个好的销售谈判方案应当做到目标正确、策略切实可行、时间的选择和控制得当。要使所制定的策略具备以上特征，就必须有可靠的信息作为依据。否则，谈判策略就成了无源之水、无本之木，谈判也不会取得良好的结果。

1. 把握客户类型

在收集客户信息的过程中，其中一个比较必要的工作就是了解客户的类型。通过了解客户的类型，我们可以把握客户的性格、习惯、喜好等因素。熟悉了解每一类客户的性格与心理特征，可以帮助我们在销售过程中对症下药，因人施计。

2. 收集客户的基本信息

一般来说，个人客户的基本信息能帮助营销人员判断客户的家庭财务状况、需求情况。这些信息主要有客户的学历、经历、籍贯、年龄、收入、兴趣、专长、子女情况、家庭状况、社交关系、家庭背景、本人的事迹、适合拜访的时间等。而团体客户的主要信息包括：经营状况、主管人员和负责人员的情况等，此外还需要熟知和了解相关行业的产品知识。

3. 其他重要信息

我们除了要熟知客户基本信息外，还有许多跟客户相关的信息需要去了解，例如，客户是否已经拥有寿险产品；购买了什么类型的寿险产品；对目前拥有这些产品的评价；家庭内部有话语权的人是谁；客户的消费理财观念等。

（三） 其他的准备措施

1. 资料工具的准备

在正式进入销售谈判之前，营销人员都需要充分地武装自己，把自己在销售谈判过程中所需要运用到的工具都配备好，如说明书、计划书、相关的单证资料等。

2. 客户情况的分析

在经过对信息的收集后，营销人员需要对信息进行筛选分析，切中客户的需求特征，找到合适客户需求的产品方案。

3. 销售谈判计划的制订

销售谈判是与客户之间进行互动的过程，客户的时间不是那么容易控制，所以营销人员最好要提早安排，计划必须保证充分的弹性。

在执行计划的过程中，必须以严谨的态度对自己的计划负责，计划中要涉及如何切入所需相关产品的话题，使用什么销售谈判的技巧，客户可能有怎么样的反应以及应对方法，最后促成的步骤要如何实施等。同时，这些计划要随着谈判的进程不断地进行修正，以适应情况的变化。

二、准备阶段：收集信息

寿险中根据销售渠道的不同，信息的收集重点也不一样，通常来说个险、银保和团险三种渠道都有自身的特性。但三者又有许多共性，特别是个险和银保渠道，在面对客户的处理流程上有很大的相似之处。信息的种类又可以分为客户相关信息和市场信息。

（一） 客户相关信息

1. 客户的相关信息有哪些

在正式与客户进行交谈之前，都可以从不同的渠道和方法收集到客户的相关信息。通常这些信息可以分为普通信息和隐藏信息。

普通信息主要指的是客户家庭情况相关的背景信息，这些信息可分类为基本资料、生活情况和家属情况。基本资料主要就是指客户的基本资料，姓名、年龄、教育、住址、工作等；生活情况包括客户的经历、财务状况、兴趣爱好、交际情况、性格、健康等内容；家属情况主

故事分享

　　有一位客户是一位家庭主妇，她丈夫是个生意人，有一个儿子。营销人员在与这位客户接触的过程中了解到，该客户的丈夫虽然生意做得不错，但是家庭的支出很难控制，实在太过"烧钱"。2009年客户的丈夫在股市中就亏了200多万元，虽然对家庭财富影响不大，但还是让这位客户心痛。再加上她的丈夫是个豪爽的人，对钱完全管不住，年年都有大笔人情开支，不是他家姑姑的儿子要盖房子，就是另外一个亲戚的女儿要出国，左算右算，家庭一年要出的人情账至少好几十万元。几番唇枪舌剑下来，该客户感觉还是无法改变丈夫爱花钱的性格。于是该营销人员抓住了这点关键信息，建议这位客户让她丈夫花大额资金给他们的儿子购买少儿保险，这样既提供了高额的保障，又能控制丈夫流出去的钱。于是她拿着保险公司做的计划书，向丈夫要求购买儿子的"成长基金"。一份年交60万元、交费10年的少儿险大单让她丈夫"出血"不少，却让客户吃下定心丸，最后该客户总结到："男人闲钱太多总想花掉。""保险是个名正言顺掏男人钱的好方式。"

　　由此可见，抓住了隐藏在客户背后的关键信息，我们的要求才能提得起来，才有得谈。

要就是指客户家人和亲戚的情况，主要在转介绍的时候能运用。

　　通常来说，客户的基本资料是最容易收集的信息，但是其中所透露出的客户需求信息又是最少的；而生活情况资料反映的信息则是最丰富的，但是到底哪些信息有用，哪些信息没用，需要进行筛选；如兴趣爱好、交际情况、性格类的信息主要在跟客户建立良好关系时需要用到，而客户经历、财务状况等内容，可以判断出客户的经济实力和过往经历对现在的影响，但这些信息较难获取，通常都涉及客户的隐私，如果跟客户达不到一定的关系水平，是很难收集得到的；但是客户的生活情况与基本资料都有一个局限性，就是信息所反映的情况不一定是客户更深层次的需求点。对于更深层次的信息挖掘，可以在普通信息的基础上，通过与客户进行交谈来获得，特别是中高端客户。因此收集好普通信息可以为后续的销售谈判打好基础。

除了一般相对比较容易收集的普通信息外，还有就是隐藏信息。很多时候，挖掘到隐藏在客户生活中的信息点，都有可能抓住客户的需求。

2. 客户的类型划分

不同的客户有不同的性格特征，因此跟不同的客户进行销售谈判也应该有不同的方式。因此，在准备阶段需要对即将要会谈的客户进行归类，以采取适当的沟通方式，来达到更有效的沟通目的。

客户的分类方法有许多种，如按收入划分、职业类别划分、性格特质划分、人生的年龄阶段划分等，不同的分类针对不同的问题。

第一种是以人情为导向的。这类客户大都比较感性，他们常常认为"人情大似债"，自己吃亏、受累都没有关系，更看重维系人与人之间良好的感情。对于这类客户要留给他良好的第一印象，并建立一定的感情基础，很多时候不必太过于强调保险的意义和商品，主要工作是如何同他们建立良好的关系。80%的精力用来建立感情，20%的精力用于推销产品。

第二种是以利益为导向的。这类客户处事的原则是以利益为前提，亲兄弟都要明算账，他所在意的是保险到底能带来哪些利益。针对这样的客户，你必须非常的专业，设计的产品最好让他感觉到物超所值。20%的精力用于建立感情，80%的精力用在推销产品或提供获利的佐证上。

第三种是讲求原则型的。他们看问题比较客观。保险好，要我买，给个理由，理由充分并且对各方面没有危害，就会购买，不太注重人情和利益，侧重保险的功效和意义的宣导。一旦他接受了你的观念，在经济条件允许的情况下，不会过多地考虑保费。

第四种是争强好胜型的。他们总想超过别人，不愿意落后。别人有保险，我也应该有；别人买了新险种，我也得买。

3. 同业竞争情况信息

身处激烈的市场竞争条件下，不得不多关注自己的对手，以防止竞争对手突如其来地把自己的客户挖走。在收集客户资料的同时，需要密切注意该客户是否已经购买过寿险产品，是否有同业竞争对手在跟进，跟进的进度如何等。此外，收集竞争对手的资料还应该包括以下几方面：产品使用情况，客户对其产品的满意度，竞争对手的销售代表的名字、销售的特点，该销售代表与客户的关系等。

4. 客户相关信息收集渠道

客户开发的渠道主要有三种：陌生拜访、转介绍、缘故法。在这三种渠道的客户开发过程中，也是客户相关信息收集的渠道。

（1）陌生拜访

陌生拜访是寿险开拓客户最普通的方式，陌生拜访分为两种类型，第一类是普通的陌生拜访，例如，在住宅区或写字楼进行"扫楼"，逐个进行拜访，或者在一个地点摆咨询台，收集客户信息；第二类是针对中高端客户的陌生拜访，这种方式主要是通过参加各种社交活动来获得与准客户结识的机会，例如，参加一些专门针对高端客户的讲座、各种兴趣爱好的俱乐部、钓鱼、打球的场所等都很可能是中高端客户出现的地方。

这个渠道获得客户的信息主要有两个方法：

第一，填写市场调查表。例如，一般在陌生拜访的时候都可以通过市场调查的名义，利用预先设定好的市场调查表，让准客户填写相关信息。这种方法主要的优点包括：一种市场调查表是一种文字交流的方式，不需要营销人员与被调查者进行一对一的交谈，设计一份问卷可供无数调查对象填写，所以单位调查成本很低。另一种可以方便处理。问卷调查一般是标准化的，设计人员对被调查者的回答范围进行了控制，信息收集的针对性强，调查结果容易处理。

问卷调查的主要缺点有两个：一是回答的真实性相对较差。被调查者的理解能力和表达能力存在差异，对某些复杂的问题进行调查难以取得理想的效果。二是拒答率较高。所以问卷调查适合于了解对问题的看法、态度，对已知答案的选择，对问题的简单建议或要求。

第二，直接与客户交谈。访谈调查是通过与客户进行口头交流来获取信息。这种方法的主要优点是有利于得到更多信息。在访谈过程中，可以根据对方的反应随时调整提问的内容和方式，有助于问题的深入。客户对问题产生误解时可以及时纠正。通过对方表情、语气还可以判断回答的真实性，这些都有助于提高回答的有效性。由于交流的互动性，双方可以相互启发，拓展思路。进行面谈时，客户容易紧张和产生较多顾虑，对涉及个人隐私的敏感问题，他们拒绝回答或作不真实回答的可能性比较大。

第三，对于银行保险渠道来说，可以通过银行来获得客户的信息。例如，客户的资产情况信息，一般银行职员甚至银行里面的扫地工人都能掌握一定的客户财务信息，他们可以告诉你，哪些客户是有钱的客户，或者哪些客户近来理财投资上出了什么问题。因此，跟银行里面所有人做好公关工作，是银保渠道获得客户信息的重点。

信息收集完毕之后，需要对信息进行处理筛选。销售谈判过程中，始终需要把握的一点就是我们掌握什么样的筹码。收集信息无非就是为了获得能与客户谈的筹码，因此对于所有收集到的信息，需要从中把具有价值的信息挑选出来。

（2）转介绍与缘故法

转介绍和缘故法都是保险销售过程中开拓客户最重要最常用的方法。转介绍实际上就是利用老客户的一个点，来辐射老客户所认识的亲人朋友这个面。因此，转介绍过程也是营销人员获得被介绍客户信息的重要渠道。由于老客户对被介绍客户的熟知度比较高，而且介绍的目的非常的明确，因此，通过这个途径所获得的信息会比较有针对性和具体。而缘故法，由于本身营销人员与客户都是熟人关系，彼此了解的信息也会比较充分。

（二）市场信息

我们在跟客户进行销售谈判的时候，潜在的竞争对手不仅仅是我们的同行，任何具有投资理财作用的金融产品都有可能成为销售谈判过程中的隐形竞争对手，这些都可能在将来的谈判中形成客户拒绝的一个理由。因此，在销售谈判准备阶段，除了需要收集客户的相关信息以外，还需要把握市场的信息，通过对这些信息的分析，形成一套应对方案来化解冲突和压力点；或者利用这些市场的信息，从理财的角度来销售寿险产品，使之成为我们销售谈判的筹码。我们需要掌握的市场信息包括金融市场情况、特殊市场时期等。

寿险产品兼具保障和投资功能，与储蓄、证券、基金等其他金融产品存在竞争关系。因此，营销人员需要站在理财配置的角度来审视寿险产品，需要对这些金融产品的特性以及市场走势有一定程度的了解。特别在银行保险销售渠道，银行里面除了保险产品，还有基金、股票、定存以及其他各种银行理财产品，银行里面的客户一般到银行办理各种业务时候，更注重产品的收益性，这就需要营销人员对于银行里面各种产品能很好地把握。

例如，2007 年随着国内资本市场的猛涨趋势，投连险在保险市场中的一枝独秀，各家保险公司迅速地向市场推出创新类的投连险。此时传统的分红型，或其他险种，在市场上的地位非常不妙。关键原因在于，在与投连险进行比较的过程中，收益性一定是投连险的有力筹码，投连险与资本市场命运紧密相连的，在资本市场处于牛市的时候，该产品的优势过于突出，在销售投连险进行谈判的时候，这一市场背景信息则在谈判过程中提供了强有力的支持，而其他的保障类功能则相对变得次要。

但是实际上，在资本市场上的风险，投连险也一样具有。虽然购买了投连险的客户可以根据产品的设计在平衡型、成长型、安益型、避嫌型甚至更多的投资账户中作出不同风险的配置，但由于投连险中投资股票和基金市场的账户占绝大多数，在大盘下跌时多数购买者不具备在各类账户中自由转换规避风险的能力。因此，当 2008 年出现金融危机的时候，原购买了投连险产品的客户出现了大幅度的亏损，引发了投连险的退保潮。实际上，这是继 2001 年资本市场下滑后引发的第二次投连险退保潮。

由于市场风向的改变，唤起了市场对理财稳健性的重视，也正因为如此，金融产品的稳健性成为营销人员销售分红险时候的重要筹码。因为市场的风向就是提倡稳健保本，同时 2008 年的金融危机成为了支持营销人员观点的重要依据。由此，2009 年的分红险产品成为市场主流。

因此，掌握市场信息，认清市场的主流动态，是在进行销售谈判前的一个非常重要工作。例如，2009 年后，市场普遍关注的问题是通货膨胀，那么在与客户坐下来谈的时候，肯定要想到我们有什么筹码。现在市场看重的是稳健性和抵抗通货膨胀，而我们的分红险产品具备这些特性，就成为了谈我们的分红险而不是其他别的产品的其中一个筹码了。

三、审视自己的谈判筹码

销售谈判主要讲的就一个利益问题。任何人在谈判之前，都要找一下我们自己到底有什么筹码在手上？有什么能够继续谈下去的根据？这是一个确定谈判方式的过程。实际上在保险销售谈判的过程中，客户的需求都是隐性的，把客户的隐性需求转化为显性需求，通过什么样的谈判方式让客户意识到自己的需要，这是营销人员需要去做的事情。因此，在收集完信息后，还需要掂量自己掌握了多少关键的筹码，或者还需要挖掘怎样的信息，一般来说主要有以下三个方面：

第一，客户"想要的东西"是什么？客户想要的东西很多，但不是客户所有想要的东西，营销人员都需要去或者能够去满足的，只需要抓住其中关键的一两样需求，而且这种东西能够去挖掘出来。客户看重的是什么，小孩的保障、投资理财还是需要更好的服务等。例如，在银保渠道中，客户为什么要做定期存款？这一行为至少说明两点，首先客户一定是在短时间内不急需用钱，其次客户需要让这笔钱保本增值。因此银行的营销人员就需要让客户知道，除了银行定期存款以外，保险产品也可以达到银行定存的功能效果。

第二，我们可以提供什么？简单地说就是营销人员所掌握的资源是能够解决客户的问题，能够满足客户"想要的东西"。例如，对于想得到保障、害怕未来面临疾病和意外的不确定性的客户，我们会说健康保险和意外险能解决这些问题；而随着经济发展，生活越来越好，客户开始关注理财、避税等话题，我们提供的分红险、年金保险能解决这些问题。

第三，时间有无期限？在谈判中，谁更能应对时间压力，谁就是赢家。保险营销人员有业绩考核，承受着一定的时间压力。而客户从表面上看似乎并没有时间上的强制要求，理论上可以无限期拖延下去。事实上客户的时间期限是隐含的，比如，年龄越大费率越高，或者，潜在的疾病威胁随着年龄增加而增大可能导致弱体加费或者拒保等，但这些时间期限统统来自一个前提条件——客户真的想购买寿险。

保险销售与其他销售不同的根本原因在于，客户一开始并不觉得自己需要保险，或者认为保险是可有可无的。我们将其称为"隐含需求"。当客户不想要的时候，我们手上根本就没有筹码，没有筹码就根本无法进行谈判，除非我们能让客户想要。这需要保险营销人员对客户做需求引导。所以，审视谈判筹码的过程，就是确定销售谈判方向的过程——我们应该通过哪些方面作为切入点，来引发客户的需求呢？

在经过了准备阶段和信息的收集以后，我们就需要对自己获得的信息进行一个筛选和分析。我们到底掌握了哪些相关的信息？理财信息？客户健康信息？可以说只要手中掌握了谈判对象的关键信息，我们就掌握了谈判的主动权，掌握了筹码。但关键是，这些信息该怎么去运用——到底哪些信息能够成为我们用得上的筹码？哪些信息虽然还不能马上使用，但反映了客户隐藏的一些问题，能继续挖掘？

四、团险销售谈判前的准备

团险渠道的销售谈判有其特殊性：首先，团险营销人员面对的客户通常是公司级、企业级或者政府级别的。如果客户的公司规模较小、业务简单、人员又少，那么客户的需求较容易了解；但当客户层次更高一层就比较困难了——公司业务烦琐、人员结构复杂，更重要的是重要信息隐含在企业内部，外界根本难以了解。因此，对于有一定规模的企业级客户，尤其是新开拓的市场，能否在谈判前收集到足够的信息是个十分大的挑战。

其次，团险销售本身十分灵活，费率、保额、承保条款等重要谈判条件都可适度更改，这为团险销售谈判带来了更大的谈判空间，但同时也让谈判更趋于复杂。

最后，现在的企业对于大型采购方案通常采用招标方式。在制作标书的过程中，服务条款、价格等重要信息的设定依据来源于对客户的了解，更重要的是，竞标就是与竞争对手的博弈。在市场竞争"白热化"的今天，我们还需要对同业公司有足够的了解，才能制定出有效的竞标策略。

因此，在进行销售谈判前，要对对方的情况作充分的调查了解，分析他们的强弱项，分析哪些问题是可以谈的，哪些问题是没有商量余地的；还要分析对于对方来说，什么问题是重要的，以及这笔生意在对方看来重要到什么程度等。同时也要分析自身的情况。假设我们将与一位大公司的采购经理谈判，首先就应该问自己以下问题：

要谈的主要问题是什么？

应该先谈什么？

有哪些敏感的问题不要去碰？

我们了解对方哪些问题？

自从最后一次签单，对方又发生了哪些变化？

如果谈的是续保保单，以前与对方做生意有哪些经验教训要记住？

与我们竞争这份订单的企业有哪些强项？

我们能否改进自己的工作？

对方可能会反对哪些问题？

在哪些方面我们可让步？我们希望对方做哪些工作？

对方会有哪些需求？他们的谈判战略会是怎样的？

谈判就是当事人想从对方获得所需而进行协商的过程。对我们而言，所有的目标都是通过谈判实现的，营销人员的艰巨工作就是不断地说服客户。销售谈判技巧就是领悟或挖掘对方的潜在需求，并进行利益交换，而成功的销售谈判就是通过适当的谈判技巧，做好说服客户的工作，当双方的主要利益点都得到满足时，交易就会达成。如果一个人想从别人那里得到自己想要的东西，并准备为之进行交易时，谈判就开始了。

事实上这里最主要的问题是获取客户需求。

以团险销售为例：稳健的保险公司 + 专业的福利顾问 + 周全的保险计划 + 优质的售后服务 = 综合保险计划

这些是自己的筹码。投保团体保险的好处：团体保险覆盖意外伤害、住院医疗和企业年金等内容，是企业竞争力的组成部分，是员工福利的具体体现。

雇主的需求：

（1）需要降低企业经营风险。天下没有无经营风险的企业，有经营风险就要有对策，就像企业擅长于化解市场风险、财务风险和政策风险一样，保险公司擅长转移人身风险，而人身风险是企业的致命风险。没见过面对自己企业出现人身风险无动于衷的企业家，倒是见过不少对自己企业的人身风险毫无防范的老板。其实用投保团体保险的方法转移人身风险，不仅简单实用，而且费用比雇主想象的要低得多。

（2）需要提升企业在行业中的竞争力。没有差异就没有竞争力，企业的竞争力一定是表现在与同行的差异上，而差异体现在员工待遇上具有最明显的竞争力效果。企业要想在工资等刚性待遇上超过同行往往要付出很高的代价，而在福利等柔性待遇上超出同行则往往非常容易。例如，为员工每人每月提高 100 元工资，员工满意效果几乎为零，而且第二年还必须水涨船高，直到雇主无力提高工资；而为员工每人每月投保 100 元团体险，对员工的意外和住院保障就可以达到目前国内企业的平均水平之上。

（3）需要建立良好的劳资关系。员工对企业的归属感必须建立在最基本的人身安全感之上，这种安全感的成本非常低，但是是由雇主主动提供的，还是由员工自己提供的，对员工归属感的作用是大不相同的。

雇员的需求：

（1）需要安全感和归属感。在一家福利保障完善的企业工作，是自身职业地位的标志。理由很简单，在一家福利保障全面的单位工作，自己在家人和朋友面前很有面子。尤其是一旦发生了住院或手术的情况下，亲朋好友都去医院看你，你告诉他们单位能给报销费用，对他们是莫大的安慰。

（2）需要节省开销，不必动用税后收入购买基本保障。像意外伤害和住院医疗这样的基本保障是每个人都需要的，如果企业不主动给员工上团险，员工就要用自己的税后收入为自己买保险，企业购买团体保险可作为福利费在税前列支，能够节省企业所得税和个人所得税，公司在这两个税项下至少能省下38%的费用。

（3）需要顺利投保。团险核保相对宽松，在操作上比个险要简单，尤其是基本上不需要核保体检，能够节省时间和精力。如果在上个险的时候因体检没过关而被拒保，那么跟着单位上团险将是最后的机会了。

需求是谈判的基础。需求和对需求的满足，是谈判的共同基础。如果不存在尚未满足的需求，人们便不会进行谈判。谈判的前提是，谈判双方都要求得到某些东西。

对于团险营销人员而言，他所接触的客户层次相对较高，对于自身的销售谈判技能的要求也就高，因此，必须提升获取谈判筹码的能力。提升的途径有以下两个：

第一，强化销售技能培训，必须建立以顾问式销售和大客户销售为基础的销售技能课程体系，确保营销人员能够掌握最新的销售理论和实战技巧。

第二，加强专业知识学习，包括保险专业知识、税收政策、财务制度、人力资源管理等。团险营销人员不仅应当成为保险专家，同时对企业的财务资源和人力资源也应该有所涉及，这样才能跟客户在同一个平台上进行对话。

团险的销售谈判需要了解其整体业务范围，从中发掘和寻找利益衔接点。一般遵循以下原则和程序进行：发掘和寻找对方其他需求和利益点，这种利益点有表象的和潜在的、直接的和间接的、物质的和精神的；强调该需求或利益点对其重要性并尽可能达成高度共识；我方能用极少的成本或不用额外成本满足其需求或利益点。销售谈判前的准备过程就是获取谈判筹码的重要过程。

五、审视团险销售谈判的筹码

团险渠道的销售谈判比较特别，这是因为面对的客户有明确想要的，也就是说我们自身已经拥有了筹码。因此，团险渠道的营销人员对于提升销售谈判技能的呼声也最高。

以企业类型来划分，很多中小企业（从事制造、生产）的职业风险较高，它们明确希望转嫁风险，所以意外和意外医疗等团体险是它们的首选。但是有很多大企业实力较为雄厚，职业风险也并不高，它们更为关注的是"员工福利计划"，其中包括住院医疗、重大疾病、养老年金等一系列综合计划。

以企业的成熟度来划分，有很多企业很早就把团体保险纳入了员工福利的一部分，这些企业对于市面上的保险公司十分熟悉，对险种、费率、保险责任、服务等也有相当深入的了解。很多效益好、预算足、肯为员工谋福利的大企业，常常会互通有无。同类公司会相互打听其投保计划、所选择的保险公司、服务品质和价格等。这类企业要的是更加专业、性价比更高的保险服务。

而有的企业可能是第一次实施员工保险计划，对于整体流程、市场、产品都不熟悉，也不太清楚如何运作，他们急需的是专业顾问来指导他们。中国人寿作为中国最具品牌价值和规模最大的保险公司，经常会作为这类公司寻求咨询的首选。

以客户身份来划分：通常负责人力资源的客户以降低流失率、提升福利待遇、激励士气稳定团队等为出发点，最关注的是综合保险计划本身；而采购、财务部门的人更关注成本，因此对价格最为敏感。与企业的销售谈判是个十分复杂的过程，客户的决策者身份不同，站的角度不同，所关注的地方也不同。很多时候我们进行公关的目的，是为了让他们内部达成一致。

总的来说，面对不同的群体，我们手中的筹码是截然不同的。我们需要一开始就将手中筹码弄清楚，才有可能在销售谈判中有的放矢。

第二节　开局谈判

当所有的前期工作都基本准备完成后，接下来就需要进入到销售谈判的开局阶段。所谓开局谈判，指的是在正式进入销售谈判前的预热阶段，这个阶段需要考虑：第一，如何打开话题，如何把话题引入我们所想要的轨道上来。第二，让客户愿意接受我们的引导和提问，并提供更进一步的资料和回答，以便于我们找到客户的重要需求点。

一、收集隐藏的信息　获取筹码

（一）切入话题——"破冰"的第一步

在初步跟客户接触的时候，营销人员往往面对的首要问题就是客户或多或少存在一定的戒备心理，这种心理成了与客户进一步沟通的隔墙，而这一道隔墙会把客户的真实想法隐藏起来，从而使得营销人员无法通过交谈得到有用的需求点信息。

寿险的销售与其他行业不太一样，通常客户对寿险产品的需求都是隐性的需求，很少有客户是主动找到保险公司要求买保险的。因此传统销售谈判中，直接通过与个人的利益陈述来进行谈判开局的方式往往不那么奏效，常常遇到"我对此不感兴趣"的拒绝。当客户有根深蒂固的先入为主的观念或偏见时，虽然无法在一朝一夕之内将它改变，但是反用这种心理，就能得到意想不到的效果。不要只想推翻客户先入为主的观念，好好利用客户的先入为主的观念也是有效的说服方法之一。

（二）交谈"摸底"

销售谈判的开局，就需要明确在这一阶段的目标是什么。简单地说，这里所运用到的各种技巧或者原则，目的都是为了想办法让客户满意，收集到足够的信息，然后可以把谈判推进到下一个阶段，为正式的谈判做好准备。

在信息的收集阶段就提到，信息分为普通信息和隐藏信息。普通信息可以通过各种渠道收集到，同时部分的普通信息比较容易得到，如客户职业、年龄、教育、家庭情况等；而有的信息则可能难以在谈判开局前了解清楚，需要在开局阶段进行交谈来获取。而隐藏信息是关于客户内心真实想法的信息，这些信息往往能揭示客户较大的隐藏需求，客户的需求点往往就是营销人员进行销售谈判的关键筹码，如果能够找准客户的隐藏需求，并让客户意识到这些需求的影响，那么在后续的谈判中就能游刃有余。

通常来说，在个险销售渠道，获得客户重要信息的主要方法就是通过与客户进行交谈。只有掌握了关于客户家庭内部情况、遇到的问题、心里的真实想法等重要信息才能摸清客户的潜在需求，收集客户的基本信息会比较容易，但是基本信息对掌握客户需求点的帮助有限。因此，营销人员需要通过提问交谈，来挖掘客户的关键信息。

提问的目的是从客户的一般情况出发，通过不断的提问，来发现客户的问题。

第一，询问客户关心的事情，如家庭、事业。例如，对于一般的家庭，营销人员问："张小姐是从事什么工作的呢？"张小姐："我是从事人力资源工作的。"营销人员："哦，人力资源啊，这可是一个挺有挑战性的工作，能给我谈谈吗？"张小姐："也没什么好谈的，常常要给员工做培训，有时候连周末都忙，家里孩子都顾不上了。"谈到这里，就发现张小姐的问题了，就是工作时间与照顾孩子的时间冲突了。

第二，通过询问客户成功的事情或者感兴趣的事情也可以了解很多客户的关键信息。例如，针对生意人的提问："张先生，您也是一位成功人士啊，您在这边开了那么多家厂房，生意做得那么好，能不能把您的创业经验分享一下呢？"又例如，在一家很有特色的餐厅里面，餐厅的装潢是一些电影海报之类的背景的，就可问老板："这里的装修设计都是电影题材背景，气氛很好、很特别，您是不是很喜欢看电影啊？"这样一般对方都很愿意把自己的经历或事情说出来，我们就可以从中发现问题或有用信息。

二、开局谈判的技巧

（一）销售谈判前的情绪管理

谈判是一项艰巨、复杂的脑力劳动，在这个过程中，营销人员的心理状态对谈判的结局产生重要的影响。良好的心理素质，是销售谈判取得成功的重要条件。谈判过程中，谈判人员在心理上要承受很大的压力，他们需要随时就某个谈判事项的具体典型特征和实质进展作出分析与判断，即使在谈判局势发生激烈变化，甚至在出现谈判僵局情况下，也要控制自身的情绪与行为，以适当的语言和举止来说服和影响对方。

在谈判过程中，很多因素都可能会对谈判人员的情绪产生影响，例如，客户的反对意见、谈判陷入困境、对方采取的一些策略（故意挑起矛盾，如撕名片等），都有可能使得谈判人员自身情绪失控，而失去继续谈判的动力。因此，在销售谈判之前，谈判人员需要对自己的情绪进行调节，以在谈判的时候进入最佳状态。

首先，在谈之前要建立阳光心态，充满自信地迎接谈判的到来。一个人如果做任何事情之前心情不好，"士气"自然低落，谈什么东西都会比较消极，会丢失自己的立场。例如，早上刚起床，你也许正好遇到刮风下雨的坏天气，心里也许会想："真倒霉，怎么偏偏今天刮风下雨呢？谈判大概会不顺利。"或者"今天谈判说不定会失败"，进而还会产生懈怠心理："干吗一定要今天谈呢？改日也没关系嘛。"这些情绪，只能对谈判起反面作用，而不会有丝毫积极的影响，应当坚决克服。因此，必须在离谈判开始前的很长一段时间，就要努力调整自己的心情。

其次，在谈判中遇到问题的时候要保持冷静。谈判中，碰到对方的反驳或者异议是最平常不过的事情。例如，遇到客户的拒绝，对"拒绝"不要信以为真，通常有些客户对并不了解的东西，最习惯的反应就是拒绝，拒绝对他来说就是一种习惯；还有些客户的拒绝，往往是需要进一步了解你的产品的正常反应，虽然这对你来说好像是苦难，但对一部分客户来说，的确是被人攻破心理防线的"伪装抵抗"。所以，你不要太相信这类客户的话，只需要怀抱着坚定的信心继续走下去就可以了。

最后，要对谈判充满自信和骄傲。若使自己充满自信，不妨多想想以前成功的谈判，客户对你的赞美与感谢，自己受到嘉奖时的荣耀等。心中浮现出这些情景，你就会信心百倍。而在商谈之前一定要有"我会带给他利益"的骄傲——所谓战略上蔑视，而战术上重视。

（二）避免对抗性谈判与取得对方的认同

在谈判刚开始时候的表现，往往可以为整个后续销售谈判奠定良好的基础。在一开始的会谈中，客户可能会有逆反心理，因此在谈判刚开始的时候，说话需要小心，即使不同意对方的说法，也千万不要立刻反驳。反驳在通常情况下只会强化对方的立场。所以，一般如果遇到客户的反对或拒绝意见，最好先表示同意，然后再慢慢地使用"感知，感受，发现"的方式来表达自己的观点。

比如，当初次跟客户谈论保险的时候，客户可能会说"保险是骗人的"这一类的话，如果这时候和对方进行争辩，他就会举个身边的例子来证明他说的话是有根据的。因此，这个时候如果告诉对方"我完全理解你的感受，很多人第一次听说保险的时候也是这么认为的。"然后可以询问客户是通过什么渠道的情况来判断保险是骗人的呢？判断客户消息的来源，然后询问客户所听说或者亲身经历的例子中，购买的是哪类的保险？对这类保险的了解程度和认知？然后利用专业知识跟客户分析原因，达到让客户认知发现的目的。

故事分享

避免与客户发生争执

客户："保险是骗人的！某某投了保，一年交三四千元！但出险后没赔，所以，我才不相信呢！"

营销人员："哦，这件事您是听别人说的还是自己亲眼看到的呢？"

客户："好多人都这么说呢！"

营销人员："我给您讲一个历史故事吧。魏、赵曾互为敌国，魏败于赵，只好以一位大臣为赵之人质。出发时，该大臣心事重重地对魏王说：'现在如果有人跑进来说外面街上有虎，您信吗?'魏王说：'不信。''如果又有人告诉您大街上有虎，您信吗?'魏王说：'我半信半疑。''如果有第三个人进来说外面有虎，您信吗?'魏王说：'那样寡人只好相信其为真了。''三人说虎，假话成真'这是自古以来的警训，也是自古以来人们难以摆脱的困境。刚才您说的保险不赔的事件肯定不是您亲眼看到的吧。"

客户："那人就是我们村的村民，他自己也是这么说的。"

营销人员："那您是否知道他投的是什么保险呢?"

客户："保险不都是为了赔的吗?"

营销人员："保险有好多种，有保病的，有保意外的，还有保养老的，如果那位客户三四千元的保费全部买的是养老保险，也没有任何附加，那么就只有养老功能，他能够在将来达到一定年龄的时候从保险公司领取养老金，但却不能得到疾病或者意外的保障啊!当然，发生这种单一险种保单的情况是有多种原因的，可能是营销人员没有给他讲明白，也可能是他不想做任何附加，认为那是多余的，致使保障单一，不够全面，没有理赔，大致是这一层原因。再有可能就是发生的事故不符合理赔条件，如酒后驾驶、无照驾驶等。总之，我们不能只听人说下结论，而要了解事实的真相，自己去判断，您说呢?"

客户："你说得也对。"

所以千万不要一开始就直接反驳对方，那样只会导致双方的对抗，一定要先表示同意，然后再想方设法扭转对方的看法。

在避免对抗性问题的基础上，还需要取得对方的认同，就是说我们所说出的观念要让对方点头同意。这需要预先设计好问题和要抛出的观点，这些问题和观点能让对方没有反驳的余地，增加在谈判过程中的筹码。

故事分享

　　对于一个有小孩的家庭，如果对方一开始对保险有先入为主的抗拒反应，我们可以先不谈保险本身，那么大家来谈谈家庭风险或者理财规划的议题。这样做的目的首先是，虽然对方不同意我们销售的产品，但至少大家要坐下来谈，这是前提。

　　营销人员："请问您家的小孩在上小学了吧？"（这个一般是在前期准备工作中收集的信息）

　　客户："是的。"

　　营销人员："您肯定非常爱您的小孩对吧？其实家长都希望小孩能够有很好的成长环境，能上最好的学校；是不是在您能力许可时尽量让他受最好的教育，在您能力许可的时候尽量让他过最好的生活？"

　　客户："对啊！能力范围内尽量帮他做啦！"

　　营销人员："那你有没有帮您小孩做好未来的教育成长规划呢？"

　　客户："我现在都有专门留出的部分钱，留作以后小孩上大学的教育金。"

　　营销人员："您想得很仔细呢，都为小孩将来做好准备了，太有责任心了！不过，只是这样把钱放在银行，会不会不稳妥呢？我的意思是，如果将来忽然需要用资金，例如，炒股票或者想买房的话，那么就可能会把这笔本来应该用作教育金的钱用在其他用途上了，对吧？"

　　客户："……"

　　营销人员："如果要把教育金真正用在孩子身上，还是需要有一个不会被用在其他途径的账户才好，对吧？"

　　客户：（点头）"有道理。"

　　这个时候在不谈到保险的情况下，能让客户认同我们所说的话，这样后续的交谈就能更加顺利地进行下去。而且，客户在开始的这些提问中都表示同意的话，那就代表客户同意了。

（三）拒绝进入谈判的处理技巧

销售谈判开局需要处理的一个关键点就是能让客户愿意坐下来进行深入的会谈，但是很多的情况下，在与客户初步接触的开局阶段，客户很可能并不愿意坐下来谈，可能带有防范心理。因此在销售谈判的开局阶段，首先需要分辨和消除客户的防范心理，以让谈判能顺利进行下去。

1. 辨别客户的"防火墙"

在与客户会谈的过程中，我们需要寻找客户身上的需求点所在，但客户在开始的阶段，往往会对于跟自己相关的许多信息保持封闭，这就是一种警戒心。这时候，我们难以获得更多的重要信息，也无法通过对方的表情或反应知道对方的态度。这其实是客户对自己的一个保护，一道"防火墙"。所以我们要让客户接纳我们，愿意进一步地进行谈判，就需要破解这一道防护。首先，要辨别这一道"防火墙"是什么。因此，在进行谈判前需要观测对方的言行举止，判断他的警戒心。

通常情况下，如果客户出现这些情况，就表示客户有警戒心的产生。第一，语言冷淡，敷衍了事。保持警戒心的人，不喜欢表露自己的心事，所以说话的时候态度比较冷漠，或者对别人说的话没有反应，一种敷衍了事的感觉。第二，模棱两可，无法抉择。有的客户在会谈过程中表现出的态度不明确，或者用语比较模棱两可，没有主见或者借口回避，他会说："我知道，我知道，你说的我都明白，我会仔细考虑的。"这样的情况首先需要考虑客户是否有决策权，有些时候，营销人员是很难通过事先收集到的信息分析客户是否具有决策权的，这就需要在沟通过程当中认真把握。若排除了客户没有决策权的情况，则表明客户对营销人员具有警戒心；他们之所以态度模棱两可，很可能表示他们内心还有一定的疑虑，此时，营销人员要做的就是分析他们疑虑的原因，然后运用合适的方法消除疑虑，从而推动谈判进行下去。

故事分享

　　某营销人员有一位客户，是一位公务员，一开始跟该客户接触介绍保险的时候，该客户表示非常不喜欢保险，因为该客户多年前曾购买过某保险公司的保险，但因为拿到保险合同后一段时间，发现发票不见了，于是与保险公司客服联系，要求补发票，但过去因为保险公司的服务不完善，没有给该客户补发票，于是该客户对保险公司的服务非常地失望，要求退保，但由于没有发票，客服不予办理，最后该客户通过法律手段，要求保险公司全费退保。在了解这个原因以后，营销人员回去做了一下准备，再次找到客户解释道："过去保险公司也是属于探索发展阶段，就像小孩子学走路一样，确实存在许多不足。当然这个也只是个借口，您因为这个事情而受伤害了，非常地抱歉，我们在这里给您做个检讨，同时也跟您介绍一下公司现在的情况，现在的服务完善很多了，公司的服务一直在不断提升，这点您放心，现在像您这样的情况，要补个发票很容易，我马上给您去办。"客户婉谢了该营销人员的好意，因为该事情已经了解了，也已经退回了保费，没有必要再麻烦了。但通过这件事情，营销人员向该客户传递了一个信息，就是现在保险公司的服务提升很快、很完善，这使得客户对保险公司的印象大为改观。

　　除此以外还有一个细节，当该客户给他孩子购买一份健康保险的时候，孩子需要体检才能购买，但当时小孩才1岁，而且极度害怕到医院检查，于是该营销人员找到体检中心的负责人，沟通这件事情，体检中心马上决定可以派出医生到客户家里进行体检。于是营销人员跟客户商量：这件事情可以这样解决，找个时间我们让体检中心的医生不穿医生的白大褂，用哄小孩的方式来给他家小孩体检。该客户听到以后非常感动，再次表示了对营销人员与保险公司服务周到的认同。

　　从故事分享中的案例可以看到，首先是营销人员发现客户一开始抵触保险的情绪是因为曾经有过不愉快的经历，而这些经历是由于服务问题造成的，并不是客户不认同保险，客户非常关心的是服务；其次在给客户的小孩签单的时候，又知道客户的小孩害怕医生，于是利用自己和公司所能提供的资源来给客户解决这些问题。因此，从服务这个角度，营销人员给予了客户很大的帮助和信心。

2. 消除逆反心理，建立平等对话的地位

逆反心理是几乎人人都有的行为反应，是一种相当普遍的机械反应。往往是营销人员刚开始说一句话的时候，客户马上本能地就说出一句反驳的话来，例如，"我不需要保险！""我对这个没兴趣！"在销售谈判过程中要应对对方的反驳，可以从以下几个方面出发：

第一，不要正面回应反驳。当我们急着反驳客户时，往往是让客户觉得自己错了，这实际上是让客户觉得自己很挫败、很愚蠢。没有任何人愿意感受挫败或愚蠢。因此，不要直接地说服对方，而是通过一种方式引导，让对方从内在里面领会我们所要表达的意见。通过领悟之后，他会觉得我们所说的对他更有利益。

例如，刚开始接触时客户说道："我不需要保险！"我们可以引导："对啊，先生，瞧您现在这么健康，当然是不需要保险了……（过一会儿再问）那么请问先生，您觉得人什么时候才需要保险呢？"这样就把问题抛给客户去思考，引到我们需要的方向来了。

第二，多提问少陈述。在销售谈判过程中，陈述是很容易引起逆反作用的，这是因为大多数陈述都有一个明确的观点立场，很容易被人抓住提出反对意见。多提问题、提有针对性的问题才能够抓住客户的关键信息点，找到客户潜在的需求，这时候如果再切入产品的话题，就能够触动客户需求的要点。

第三，正确传达信息。有的客户之所以拒绝和营销人员进行销售谈判，是因为这类客户一般都处于强势地位。在这类客户看来，彼此地位不平等，存在一种优越感，没有谈的必要，因此客户觉得根本没必要理会营销人员，他也不觉得营销人员能带给他什么利益。而对于这类客户，销售谈判之前，营销人员就需要做好心理准备，同时要通过一些方法向对方传达一个信息：彼此是处于同一谈判位置之上。

面对彻底性拒绝、恶语相向的客户，挺直腰板，不仅能赢得尊重，还会使推销枯木逢春、绝处逢生。

故事分享

曾经有一位非常杰出的营销人员。在他刚开始做保险的时候，公司的副总裁让他拜访一个高端客户。这位营销人员立马去到该客户的办公地方，但到门前就吃了闭门羹。

这位客户的秘书一板脸："我们老板一向讨厌卖保险的，还从来不与未预约的人会面。"

营销人员针锋相对："我和你的老板一个脾气，从来见面不预约。"一阵软磨硬泡后，终于把名片递了进去。

但是透过玻璃，他看到了该客户一边骂秘书，一边把名片三两下撕得粉碎，一扬手甩进废纸篓。他马上觉得血一下子冲上脑门，几乎站立不稳，但他按捺住情绪，静静等秘书将遭受的委屈转嫁给自己，很诚恳地对她说："小姐，如果你的老板不愿意和我做朋友，可以！但是我同样不愿找他做朋友，麻烦你进去把我的名片还给我。"

秘书万般无奈又走进办公室，出来后拿出一毛钱，对他说："老板说了，你的名片只值五分钱，多出来的钱给你算了。"营销人员心一沉，又掏出一张名片："我不会占他五分钱的便宜，麻烦你把这张名片送给他撕掉，我们两不相欠。"

秘书进去没多久，他远远看见该客户噗地一笑，伸出中指和食指朝自己勾了勾，示意自己进去。

营销人员说，自己从来没有被别人用两个指头"勾"进去过。进去后他对客户的第一句话就是："我本来只安排了30分钟和你谈保险的，但现在已过了，如果你愿意谈保险，你就明天来预约我吧！"

故事分享中的案例虽然属于比较极端的例子，但其中阐明的一点道理就是，对于一场谈判来说，本来手上的"牌"就不多的营销人员，如果一开始在心理上面就承认自己处于劣势，那么这场谈判根本就不会继续，谈判对手也不会愿意跟与自己地位不相称的人谈话。因此，对于许多比较强硬的客户，有时候可以使用一些方法来填平这种"势"的差距，当然，在这个过程中，尊重对方还是要摆在第一位的。

3. 建立同理心

同理心就是站在对方立场思考的一种方式。根据心理学的研究，双方刚开始接触的时候产生共鸣是最重要的。在销售谈判开局的过程中，如果能够在客户的立场上跟对方说话，会收到出人意料的效果。

故事分享

　　某销售主管，去拜访一位客户，该客户是一个经营连锁饭店的老板。刚开始时候营销人员每次拜访都吃闭门羹，对方的态度不是非常冷淡，就是敷衍了事。有一次营销人员再度去拜访该客户，客户一见到他就很生气，说道："你怎么又来了？我不是说没空吗？你赶快走吧，我没时间理你。"如果是一般人可能早就扭头走人，再也不回来了，但营销人员就想，该客户会这么大火气可能是有什么心烦的事情，于是他立刻用和客户一样的语气说："×先生，你怎么啦？我每次来，都发现你情绪不好，到底是遇到什么心烦的事情？我们坐下来谈谈。"

　　客户听了后，平静下来了，于是营销人员改变了口气，非常和气地问道："我拜访了你好几次了，可你每次都心情不好，是不是有什么烦心事？我们一起聊聊。"客户说道："最近实在是烦死了，本来我计划今年下半年要开两家连锁分店的，什么东西都准备好了，但我花很长时间培养的两名分店经理，忽然辞职不干了，你说我能不生气吗？太糟糕了！"

　　营销人员听了后，也同样发出感慨："我能理解你的心情，因为其实我也跟你一样有这些烦心的问题啊。你知道我们公司都是定期要考核的，其中的一个指标就是招新人，而我前几个月好不容易招来的6个新业务员，每天从早到晚地培养他们，就是想把团队发展起来，把市场做开。结果几个月下来，这些新人全部跑光了。"

接下来他们就开始为这个人才培养的共同话题开始感慨，而在这件事情以后，营销人员去拜访该客户时的沟通就变得顺畅起来了。这个例子可以看到，营销人员花了许多时间与客户进行聊天，触动了客户的同理心，构建了一种共鸣，为以后的销售谈判打下了良好的基础。

建立同理心的技巧，在有的情况下能破除谈判刚开始时候双方地位不平等的感觉。例如，像刚才那个例子，营销人员一开始找客户去谈，其实就像是在求客户，此时因为地位的不平等使得大家很难坐下来谈；但当营销人员发现客户心中隐藏的问题时，营销人员就利用这一点，把这种地位的不平等在某种程度上给缓和了，使得大家从不谈，变得可以谈，再达成交易。

（四）影响力的建立

在寿险的销售谈判过程中，由于寿险销售本身的特点原因，营销人员一开始在与客户交谈过程中可能会存在地位不对等的情况，即所谓的买方市场，买方占有绝对的主动权，而这种不平等既有客观的原因，又有心态上的原因，这样的结果往往使得谈判难以持续。而营销人员需要扭转这种局面，可以在谈判开始的时候就通过各种方式建立对客户的影响力，使得自己能够掌握主动权，主导谈判局势的发展。

1. 权威的力量

这是指利用权威的效应来影响客户对营销人员的重视。权威一般指的是一个人如果地位高、有威信、受人敬重，那么他所说的话及所做的事情就容易引起别人的重视，并让他们相信其正确性。由于人们总认为权威人物往往是正确的，因此他们会听从权威人物的观点，并按照这些方法去做。同时，很多人往往认为，权威人物的思想、行为和语言都是正确的，他们的话是和社会规范相一致的，因此，服从他们的话会使得自己有种安全感，增加不会出错的心理影响。

因此，利用权威所形成的影响力可以改变人们的行为。在现实中随处可见权威力量的运用，例如，开办寿险产品说明会的时候，把主讲嘉宾包装成金融行业的专家，或者直接就把具有大学教授头衔的专家请过来，以达到影响客户的目的，这就等于告诉客户，这是专家的观点，是权威性的，没有讨价还价的余地。

而在一般的面对客户的销售谈判技巧中，要运用权威的力量有许多的方法，其中一种方法就是树立"专家"的形象。例如，在银行保险渠道的销售过程中，如果希望能谈妥一位客户，银行的职员可以联合保险公司的客户经理共同来进行会谈。首先可以是银行的职员与客户进行会谈，然后在关键的时候，银行的职员把保险公司的客户经理包装成"行业内资深的理财专家"，两方共同与客户进行交谈，这样就大大提升了销售的成功率，当然前提是该客户经理确实具有较高的专业水平。这就是 A、B、C 式的权威建立方法，通过 A 对 C 的包装，介绍给 B，树立 C 的权威的力量。这需要有三方面当事人参与，如果只是两个人，营销人员与客户面谈，这种权威性很难建立，因为在销售谈判的初期，营销人员与客户都不相互了解的情况下，单方面地对自己包装，客户不太容易相信，或者效果会大打折扣；而通过第三方的介绍，会让客户觉得较为客观，增加了权威的可信度。

2. 环境的力量

除了权威的影响力以外，还有很多其他的力量会对客户的行为造成影响。其中环境的力量会起到一定的作用，包括具体的时间、会谈的地点等对人作出决策都会产生影响。一个人周边的环境，如一种氛围、一种场面，所处房间的大小、椅子、桌子、各种摆设等都可以形成一种无形的影响力，在不知不觉中改变人的行为。

例如，许多销售部门主管都有自己的办公室，他们在布置自己的办公室的时候，除了会布置得比较有气派之外，都会专门设置一个荣誉柜，上面摆满了各种奖杯、奖状以及和名人合照的照片。这一方面运用了权威的影响力，同时运用了环境的力量。当把客户约到自己的地盘进行会谈的时候，如果客户对这位主管的了解度不高，一看到对方办公室的荣誉柜，结合了办公室内摆设的气派，无形中就会对客户形成这样一种印象：对方是一个很有地位和实力的人，他说的话都很有权威性。

还有就是利用场景和氛围，现在营销人员都喜欢把客户约到保险公司开的产品说明会上来谈。因为在产品说明会上，除了前面提到的专家权威的影响力外，还有就是整个现场氛围的影响力。通常不同规格的说明会都会有不同的气氛，营造热烈、抢购的气氛能充分调动人群的购买欲。营造气氛的方法有很多，首先在产品说明会中，如果有客户认购了产品，主持人都会在现场当众宣布出来，这就是利用了从众心态，或者叫"羊群心态"，一般对于冲动型的、情感型的或喜欢出风头的客户比较适用。

利用附赠品也能起到很好的作用。通常附赠品都是一些比较精致的工艺品，较有特色；这些附赠品在会场上用比较讲究的方式摆放出来，并强调错过了就没有了。这时候，很多客户想要的东西就并非产品本身，而是附赠品。这就等于让营销人员掌握了一个很好的筹码，可以提出条件了，想要吗？认购产品就能得到这件精美的东西了。

三、团险销售的开局谈判技巧

尽管做了很多的准备，可是依然有很多重要信息没办法从旁获得，只能在谈判桌上获取。更重要的是，团险销售面对的是一个买方市场，我们一开始属于弱势地位，这对于整个谈判过程是极为不利的。为了更加顺利地获取更多有利于自己的筹码，使得自身的谈判地位得以显著提升，营造有利于谈判顺利进行的氛围尤为重要。

（一）一致式开局策略

一致式开局策略的目的在于创造取得谈判成功的条件。

运用一致式开局策略的方式还有很多。比如，在谈判开始时，以一种协商的口吻来征求谈判对手的意见，然后对其意见表示赞同和认可，并按照其意见开展工作。运用这种方式应该注意的是，拿来征求对手意见的问题应该是无关紧要的问题，对手对该问题的意见不会影响我方的利益。另外在赞成对方意见时，态度不要过于献媚，要让对方感觉到自己是出于尊重，而不是奉承。

故事分享

1972 年 2 月，美国总统尼克松访华，中美双方将要展开一场具有重大历史意义的国际谈判。为了创造一种融洽、和谐的谈判环境和气氛，中国方面在周恩来总理的亲自领导下，对谈判过程中的各种环境都做了精心而又周密的准备和安排，甚至对宴会上要演奏的中美两国民间乐曲都进行了精心的挑选。在欢迎尼克松一行的国宴上，当军乐队熟练地演奏起由周总理亲自选定的《美丽的亚美利加》时，尼克松总统简直听呆了，他绝对没有想到能在中国的北京听到他如此熟悉的乐曲，因为这是他平生最喜爱的并且指定在他的就职典礼上演奏的家乡乐曲。敬酒时，他特地到乐队前表示感谢。此时，国宴达到了高潮，而一种融洽而热烈的气氛也同时感染了美国客人。一个小小的精心安排，赢得了融洽、和谐的谈判气氛，这不能不说是一种高超的谈判艺术。

美国总统杰弗逊曾经针对谈判环境说过这样一句意味深长的话："在不舒适的环境下，人们可能会违背本意，言不由衷。"英国政界领袖欧内斯特·贝文则说，根据他平生参加的各种会谈的经验，他发现，在舒适明朗、色彩悦目的房间内举行的会谈，大多比较成功。

日本首相田中角荣 20 世纪 70 年代为恢复中日邦交正常化到达北京，他怀着等待中日间最高首脑会谈的紧张心情，在迎宾馆休息。迎宾馆内气温舒适，田中角荣的心情也十分舒畅，与随从的陪同人员谈笑风生。他的秘书早饭茂三仔细看了一下房间的温度计，是"17.8 度"。这一田中角荣习惯的"17.8 度"使得他心情舒畅，也为谈判的顺利进行创造了条件。

《美丽的亚美利加》乐曲、"17.8 度"的房间温度，都是人们针对特定的谈判对手，为了更好地实现谈判的目标而进行的一致式谈判策略的运用。

一致式开局策略还有一种重要途径，就是在谈判开始时以问询方式或者补充方式诱使对手走入你的既定安排，从而使双方达成一种一致和共识。所谓问询式，是指将答案设计成问题来询问对方，例如，"你看我们把价格和付款方式问题放到后面讨论怎么样？"所谓补充方式，是指借以对对方意见的补充，使自己的意见变成对方的意见。

（二）不要一开始就谈价格

很多销售谈判的新手一上来就给对方方案或者谈价格。这是个错误做法。在没弄清楚客户真正想要什么的时候，设计出来的方案当然是不合适的，更没必要谈价格。

上了谈判桌就需要上一定的高度。如果一开始把目光聚焦于价格，那么只有"高"和"低"，最后的问题就演变成为"买"和"不买"，这有什么可谈的？价格从来就不是孤立存在的，它是一些事物组合的一部分：投保的规模、享受的保险责任、服务的时间、售后服务以及费率的厘定，这些才决定价格。这样一来可谈的就比较多了。

经历过销售谈判的准备和审视筹码的过程后，我们对整个谈判局势和方向有了一定的了解，但这些都只是我们一方的预测，并不能确定

资讯链接

很多企业已经购买了工伤保险，这是社保的一部分。深圳地区上了工伤保险的企业，应该是全国最多的。但是它们通常还是会购买商业团体保险，尤其是职业风险高、容易出事故的企业。如果只跟它们谈保险的费率，它们会以"已经购买工伤保险"为理由杀价，显然这对谈判不利。

经过调查，我们发现大多数此类企业购买商业团体保险的根本原因是：它们不愿意使用工伤保险做理赔。因为报案次数过多的话，代表在里面工作的员工经常会受伤，这可能意味着该企业的管理制度、设备、工作环境有问题。因此该企业有可能面临政府有关部门的严厉查处和监管，对企业的运作尤为不利。这就是企业购买商业保险的真正目的，它们希望能少惹些麻烦，将风险转嫁给保险公司。知道这一点，我们的谈判筹码就变成了——拿走客户的企业经营风险。我们就可以先抛开价格的问题，从风险系数、赔付率、工伤保险替代方案等方面下手，以期解决客户真正的担忧。

对方需要的就是这些。所以在销售谈判的开局，我们真正要做的是——试探。通过我们前期制定的谈判策略，来探测出对方真正想要的。

（三）一开始的报价要高于实价

天下没有免费的午餐。准客户对价格还是很关注的，很多希望在销售谈判的一开始就询问价格。比如，一些企业会通过拨打"95519"转接到团险销售部门询价议价；也有许多团险营销人员在跟准客户会面时候被问及价格问题。这里给的建议是：开出的价格应该比实际价格要高一些。理由很简单，人们通常都不会接受第一次报价，这个价格只是个参考。销售谈判会继续进行下去，高开一些的价格能为接下来的谈判预留出谈判空间。而如果第一次报完价就成交了，岂不是更好？

因为在大多数情况下，会遇到对方的降价要求，或者对方拿出竞争者的低价位。这个时候，请故作惊讶："不可能吧？怎么会这么便宜呢？"用难以置信的口吻反问一句。因为价格受到条款细则、服务质量、时间、规模等一系列因素影响。将对方的关注点从价格转移到其他更重要的地方，也暂时规避了让步降价的问题。

卖方表现出被吓了一大跳的样子——对买家的出价表现震惊。但事实是，当买主出价的时候，他们在观察你的反应。他们不会考虑再三你是不是同意他们的要求，他们只是试探一下你的反应。吓一大跳的表现是很重要的，因为大多数人更相信他们看到的而不是听到的。对很多人而言，视觉胜过听觉，他们看见的要比他们听见的重要。对买家的出价要故作惊讶，他们也许没指望得到他们所要求的，如果你不表示惊讶的话，你就是在说那有可能。

故作惊讶之后经常伴随着让步。如果不故作惊讶，买主就会强硬起来。要假设买主是个视觉型的人，除非还有别的办法打动他们。

即使与买主不是面对面谈判，也应该停顿一下，表示震惊，因为电话中的惊讶也是很起作用的。

（四）对方可能用到的策略：不情愿的买主

团险市场的竞争激烈，所有想购买团险的企业通常都会同时跟好几家保险公司打交道，很多时候，买家会表示出不情愿，还可能会拿竞争对手的方案来作比较，给营销人员施加压力。

运用换位思考，暂时把你放到谈判桌对面，如果你是买方的代理人，你怎么让销售商给你最低的价格？如果我是买方代理，我将把营销人员请进来，让他进行陈述。

我会问他我所能想起来的所有问题，当我最后想不出什么问题的时候，我会说："我真的感谢你花了这么多时间，显然你在这个保险方案中花了不少心思，遗憾的是，这不是我们想要的。"

当买主假装不情愿的时候，不会总是从期望价一下跌到拒绝价。然而经常的情况可能是，当买方代理人表现得不情愿的时候，卖方通常就会让步。

当心假装不情愿的买主。这种方法，使买主甚至在谈判开始之前就缩减卖家的谈判幅度。就因为运用了这种策略，卖家可能会立刻作出让步。

对策：当碰到一个装作不情愿的买主的时候，可以这么说："我觉得这个价格没什么弹性了，但你要告诉我你能出多少（让对方先出价），我回去跟我们的人商量一下（请示领导）。我看看为你争取一下（黑脸/白脸策略——谈判结束的策略）。"销售谈判高手不会因为买主装得不情愿就感到扫兴，他们只会比买主更好地玩这种游戏。

第三节　中场谈判

谈判的中场阶段是谈判的关键的一环，也是谈判过程中最为艰难、最为紧张的阶段。销售谈判的中场阶段不仅是谈判双方说服力的较量过程，也是双方毅力的较量过程，因为说服的过程不可能是一蹴而就的，有的谈判可能经过一轮磋商双方就形成了一致的意见，也有可能需要多轮磋商才能达成协议，在这漫长的实力较量过程中，掌握并使用一些策略，会更有利于推进整个销售谈判过程。

一、开发客户的隐藏需求

在销售谈判的中场阶段，我们非常清楚，必须要挖掘客户的真实需求作为谈判最终成交的关键筹码。但往往事与愿违，很多时候客户的一些隐性需求是我们把握不准的，而且他们对那些明显的保险需求并不感兴趣，或者是已经做过规划，这个时候，我们又该如何处理呢？

在这一阶段中，开发隐藏需求所用的主要手段仍然是提问，通过提问的方式把客户的需求引导出来，并且给他一个愿景，解决这些问题。这些需求未必都是纯粹的保险刚性需求，也可能是对方的一些心愿，或者是担忧，它是感性的，甚至是要用心灵触碰的。例如，通过交谈，我们可能发现，客户的工作总是特别繁忙，非常希望能够在年老的时候好好利用时间，感受夕阳西下，感受各地风光；又或者客户非常担心自己的孩子，岁数已经不小但却一事无成，可又不知道该如何提供帮助等。这些信息是他们的心愿，反过来也是担忧，如果客户愿意说出，并且当时营销人员也感同身受的话，相信我们很快就可以给他解决问题了。

因此，这一阶段就要求我们认真地倾听和细心地观察，发现一些"客户自认为是保险以外的需求"，而我们又确实可以通过保险来解决的一些问题。那么，此时的营销人员就掌握了最重要的筹码："客户需要解决保险以外的问题，"也就是客户的隐藏需求。客户告知了他要解决的问题，表面上是他自己关心的问题，是他的心愿或他的忧虑，但事实上，如果我们可以将其从生活中拉回到保险上，它就又变成了保险的显性需求。这就是一个由外及内、由隐变显的过程。通过这种方式，我们会更容易得到客户的认同。

案例研读

老板的隐忧

案例导读

有一位高端客户余老板，凭借自己的能力白手起家、创业致富，身价已经过亿元。

具有 5 年保险销售经验的小王第一次跟他谈保险的时候就发现：一般人寿保险产品所具有的功能对于他来说没有任何吸引力，很显然，他也已经购买了很多他自己都不知道是什么的保险产品，尽管余老板对小王也比较欣赏和认可，但是此时，他根本不想再买，同时，他也觉得自己无须担心这些问题。

为此，小王困惑很久。用一般性的观念已经无法打动余老板，在这个攻坚阶段，小王仍然没有放弃，他意识到，通过正面进攻已经无法取得任何进展了，于是，小王开始继续侧面了解信息，希望能够再一次找到更重要的信息。功夫不负有心人，小王终于得知了一个非常重要的信息，这是余老板的隐忧，也是他目前最为头痛和忧虑的事情。由此，展开了一场精彩的销售谈判。

营销人员："余老板，您事业做得这么成功，相信未来您的儿子也一定可以子承父业，将您的事业发扬光大。"

余老板："别跟我提他了！"

（此时，余老板略一皱眉，同时点了一支烟。小王看着余老板，没有继续说话。）

余老板："对了，小王，你最近有没有去打球啊？"

（很明显，余老板此时想岔开话题，不愿提及他的头疼事儿。）

营销人员："嗨，最近我实在是为我侄子的事操了不少心，都没有心情做别的事了。"

余老板："怎么了，小王，有什么困难和我说说。"

营销人员："我侄子最近告诉我哥，想自己创业，闹得很厉害，可是他大学还没有毕业，哪有什么社会经验啊？一个幼稚的孩子，能做什么事业？"

余老板："小王，他有这份心就是好的嘛，起码这孩子还是敢想、敢做的嘛。"

营销人员："余老板，您不知道，我哥他们家的条件一般，我哥也没做过什么生意，不能给他什么好的资源和建议。可是，您就不同了，您要是协助您的儿子的话，相信一定可以帮助他平步青云的。"

（说到这里，小王继续观察着余老板，余老板的脸上再次掠过一丝不自然的表情。）

营销人员："嗨，我侄子可能也就是年少轻狂，一时冲动而已，不提他。对了，余老板，您儿子现在哪里高就啊？"

余老板："嗨，别提我儿子了，我最担心的就是他了！"

营销人员："余哥，您不用担心的，我相信，以您的能力一定可以帮助他逐步迈向成功的。"

（就这样，余老板终于和小王聊起了自己担心的问题，并向小王讲述了儿子的情况。当然，这些信息都是小王已经熟知的：这位余老板有一个儿子，二十多岁，很早就离开学校，虽然不是惹是生非之辈，但资质平常，性格内向，工作能力较差，到目前为止仍然一事无成。然而，出生在这样的家庭环境中，反而使得他更加的自卑和失落，别提让他成就事业，就连自己养活自己都成问题。因此，他也越发地觉得自己给父母丢了脸，不能实现父亲的期望，也不能给母亲骄傲。后来，无奈之下，余老板在一家小企业给他儿子安排了一份工作，工资一般，生活过得不太如意，而他也一直为此而烦恼。）

营销人员："余哥，您也不必太担心，你不还是可以照顾他嘛。"

余老板："可我又管不了他一辈子！"

营销人员："余哥，我能理解您的心情，但是，我想，您也不要再给他什么压力，也许未来，积累了一定的经验和阅历，再加上您的能力，他会越来越好的。"

余老板："这孩子现在很内向，甚至有些自卑，我真不知道怎么帮他？即使为他做点什么也都畏手畏脚的。"

营销人员："余哥，我只知道您也想尽量帮助他，但又不能够太过明显地给他钱或者其他什么，我完全能体会您的心情。其实，您更希望的是让自己的儿子有一个赚钱的能力，对吗？"

余老板："是啊，自力更生才是根本啊！"

营销人员："嗯，的确，正如我们之前探讨过的，做企业、做投资都有风险，钱可以没有，企业可以没有，但赚钱的能力、生存的能力却不能没有！"

营销人员："余哥，我倒是有一个方法，可以帮助您照顾您儿子一辈子。"

余老板："我能活多少年啊，小王？"

营销人员："余哥，您可以用一种特别的方式资助他。"

余老板："什么方式？"

营销人员："您可以每年都让他拿到一笔充裕的生活费用，而且这笔费用不可以提前预支，必须每年拿一次，这样的话，无论怎样，他都可以一辈子保障自己的生活。这就是您给予他的'赚钱的能力'。同时，如果他凭借自己就可以生活得很好，那么这笔生活费用又可以积存下来作为他未来的创业基金，帮助他开展自己的事业，您觉得怎么样？这样的话，既可以解决您的担忧，同时又可以照顾到您儿子的自尊，您看可以吗？"

余老板："真有这样的方法吗？"

……

案例解析

这是一个通过挖掘客户潜在需求从而成功销售的案例。过程中体现了很多的谈判技巧和原则，最突出的就是挖掘出客户隐性需求这部分。不仅如此，案例当中同样详细描述了营销人员如何通过沟通，深度挖掘客户的隐性需求，从而使得客户的担忧逐步升级，将隐形需求明朗化，并且在恰当的时机给出解决建议的过程。

接下来，让我们一起剖析整个案例当中的亮点：

亮点一：客户关键信息的收集，帮助小王找到切入点。从整体上而言，不得不承认营销员小王的成功取决于前期的认真准备，包括整个话术都是围绕着收集到的最关键的信息——客户的儿子而展开，绝不偏离主题。

亮点二：把握谈话方向，绝不轻易被客户引导。刚刚开场，小王就遇到一次考验，因为余老板并不想谈及自己的隐忧，似乎也觉得谈了也没什么用。不过，这也是小王预料到的，因此，用建立同理心的方式叙述了自己面临的问题，再一次引导客户说出自己的隐忧。此处，如果小王继续生硬地向余老板询问他儿子的情况，可能产生逆反情绪。

亮点三：开发隐藏需求的话术层层推进，步步为营。当小王与余老板交谈对方儿子的话题后，并没有就此提出解决方式，因为此时并没有到达让余老板担忧继续升级的状态。因此，小王继续通过提问引导余老板自己说出帮助儿子要顾及他的自尊，要考虑他的赚钱能力，同时，怎么可能照顾儿子一辈子等，然后才提出一个较有创意的解决方案，也只有这样才能不断增加谈判的筹码，最终让余老板发现付出一些代价解决他的这些隐忧是值得的。

亮点四：解决问题方法的提出完全针对余老板的担忧。首先，余老板不能照顾自己孩子一辈子，这绝不仅仅是时间问题，还是风险问题。因为没有一个人可以预测自己的未来，生意经营业也有很大风险，余老板深知一个人能够有赚钱的能力才是生存之道。因此，这个方案的提出不但为余老板的儿子创造了一个赚钱的能力，而且还解决了孩子的自尊问题，两全其美，一箭双雕。

案例结论

1. 保险销售谈判中，要围绕客户关注或者担忧的话题展开销售谈判。

2. 谈话方向的引导并非强势逆转，其实来自精心的准备。

3. 话术的设计必须层层推进，必须通过不断地提问将客户的问题或担忧不断升级，从而成为不得不解决的问题和迫不及待解决的问题。

4. 方案的提出，时机必须要恰当，在没有真正将客户的隐忧或问题升级到足够的程度之前，轻易拿出解决方案是不能发挥最大效用的。

此案例虽然包含了销售谈判的诸多技巧和策略，但是关键阐述的还是如何开发客户的隐藏需求，并围绕着这个需求展开谈判。过程中要逐步积累谈判筹码，不断强化客户需求，最后拿出解决方案。

故事分享

一位年轻的生意人，受教育水平不高；继承了父亲的生意，觉得没什么必要买保险。以下是营销员与他的对话。

生意人："我的生意遍布全国，而且能赚很多钱，我觉得没有必要为钱担心，所以，保险也不必了。据我所知，我的爸爸、祖父都没有买保险，他们在世的时候不也一样都活得不错，所以我认为我没有买保险的必要。"

营销人员："请问在您这一生，给您印象最深刻的是哪一件事呢?"

生意人："给我印象最深的是，当我父亲还未去世的前一年，他的行动已经不方便了，但他几乎每天傍晚都要求我载他到飞机场去观看飞机的起飞。"

营销人员："为什么呢？"

生意人："我父亲一生辛劳，从来没有好好地出外旅行或享受人生，所以当他身有重病，还未过世之前最向往的就是出国旅行。但太迟了，他唯有来到机场看飞机的起飞，想象自己也能跟别人一样出国旅行。"

营销人员："这个情况，对您有什么启示呢？"

生意人："人生得意须尽欢，莫使金樽空对月。"

营销人员："这就对了，要不然发生在您父亲身上的遗憾也许会重复地发生在您的身上。"

营销人员："针对您的想法，我们公司有一种产品，每3年或5年它会定期地寄一笔钱给您，提醒您自我奖励的时刻又到了！您可以用这笔钱和这个定期的提醒来善待自己，比如，每3年来个定期舒畅身心的度假或参加增广见闻的旅行。"

生意人："您的公司真的有这种产品吗？为什么从来都没有人跟我提起？这种产品我有兴趣，我也想做一份，好吗？"

有些时候，客户的很多需求看似不着边际，事实上我们都有机会将它拉回到保险需求的领域，但是，如果从保险需求的领域开始挖掘引导客户的需求就未必能够成功。所以，在这个过程当中，我们不能把精力全部放在怎么赢得谈判胜利之上，更应该关注客户的感受，关注他想要的东西。请记住，所谓的保险需求中的条条框框未必可以框得住客户，所以，我们应当拓展一下与客户的谈话内容，倾听和理解他的感受，了解他的心愿和忧愁，这样更有利于我们取得关键性的谈判筹码。

二、中场谈判的策略

中场谈判是销售谈判的核心环节，也是最能展现谈判技巧的环节。当然，能够顺利进入到这个阶段，开始与客户探讨实质性的问题，还需要我们继续营造更有利的谈判筹码，挖掘和激发客户的隐含需求，达至最终满意的谈判结果。

（一）守住底牌

在刚刚步入保险行业的时候，主管一定告诫过，见客户不要马上谈产品，而是要从观念入手、从客户的实际需求入手。如果都不知道客户想要什么，甚至客户要都不想要，就拿出产品强势推销，这必然会遭受失败。

有时候，客户会说："那好吧，你就给我说说你们都有什么产品？"没经验的营销人员直接推荐他所认为的主打产品给客户，费了一番口舌之后，客户说："也没什么意思啊！"于是营销人员又乐此不疲地和客户解释这个产品的诸多好处……如果一个人生病了，医生问都没问，就开出了处方，会让人信服吗？对于个险和银保的销售谈判而言，底牌就是能够解决客户需求的产品。

客户如果不认同自己需要保险，就根本不会购买。我们的底牌就是为客户设计的保险方案和价格。因此，在真正引导和挖掘出客户需求之前，请不要把底牌当纸牌一样出得那么随意——在客户没有认识到价值之前，不要说价格。

（二）高开、低开和平开策略

在销售谈判开始后，我们需要想一想在第一个阶段我们需要达到怎样的目标？而下一阶段谈判的目标又会跟这个阶段所谈成的结果有关系，因此一开始的出牌策略就非常的讲究了。

1. 高开

谈判开始的时候，买卖双方常常用的一种策略就是开出自己认为高的价格。例如，在服装店买衣服，标价300元，经过一轮的讨价还价后，250元买下，这个300元就是高开价。之所以选择高开的价格，第一个原因是为了操纵对方的心理，我们对于谈判最后的结果，通常受到开始的时候开出价格的影响，因此，先开价的那一方往往掌握主动权。像刚才那个例子，250元买下一件衣服，本来还觉得自己砍了50元钱不错了，但没过多久，又在另外一家店发现一样的衣服，而标价200元，还是买贵了。因此刚开始的300元，就是一个套，谈判策略中叫下锚。如果锚下得高，无论怎么砍价，还是店家赢，价位都是在 300 元附近转。但是，买衣服的人如果事先对市场价格进行了调查就不会进入这家店买衣服了。

在保险的销售谈判中，高开的策略不是用在价格上面，个险渠道和银行保险渠道的产品都是没有价格可谈的。但是高开的策略可以用在客户的需求量上面。如果营销人员在收集客户信息，挖掘客户需求的时候，收集到了足够的筹码，那么就等于基本上知道了客户的大致需求，以及需求的轻重缓急。一般人总离不开生、老、病、死、残这些人生状态，而对于生活满足的人则有更高的要求，资产安全、投资理财都是需求。例如，当客户说道："我觉得我现在没必要买保险"，"我买过保险了"等理由的时候，我们可以来谈谈客户的需求："请问您算过您的子女教育金吗？现在子女教育费用可能比较少，那么以后呢？以后养老又得多少钱？如果出现健康问题，那么需要多少钱呢？"把这些问题提上去，一项一项地算清楚，每一项的需求缺口都算出来，应对疾病健康问题需要 150 万元，养老要 100 万元，子女教育 80 万元，光这三项就需要 330 万元的保障额度。觉得贵？这当然可以谈，那么这样吧，目前最紧急的是疾病健康问题 150 万元不能砍，子女教育 80 万元也少不得，养老计划可以先少点做，先做 50 万元吧，280 万元的保障额度如何？觉得高的话还可以继续谈。在这个高开过程中，一开始就把对方的所有需求全部摆了出来了，问题从买不买变为应该买多少，而保障的额度也是可以谈的，这就达到了心理操控的作用。当然，这种高开策略也得要看人，而且首先营销人员得确认抓住了对方的主要需求点才行，其次客户的反应和态度也是需要考虑的。对于关系一般或态度强硬的客户类型，则不适用高开的策略了。

而高开策略的用法还有其他情况，例如，当客户想通过计划书了解保障方案的时候，计划书就是营销人员开价的一个工具。另外要注意的就是，这里所说的高开只是相对开价的人而言的，开价的时候还需要注意对方的心理价位。例如，曾经有位营销人员，他给一个身家资产好几千万元的客户，带去一个 10 万元的计划书，当客户看见这个计划书的时候，就产生了问题，他觉得：我有好几千万元的资产的身价，你才给一个 10 万元的计划书给我看，那是什么意思。显然这个客户是属于那种非常关注自己身份与地位的类型，如果对于一般的客户来说，10 万元的计划书确实是比较高，但对于这位客户来说，他就感觉是"有点看不起他"了。

2. 低开

可以看到高开在保险销售谈判过程是希望一步到位，并不断试探客户的购买力界限。而低开的策略则不一样，低开价的目的是"提出我认为对方能够接受的方案"，并利用这个方案为诱饵，引诱对方上谈判桌，这是为做好长期谈判的准备。例如，在个险销售谈判过程中，关于个险的交易往往较难达成，因为个险的交费额度一般都比较高，时间跨度比较长，因此营销人员一般都从普通意外险或者团体险开始，普通意外险都是交少量保费，获得上千倍的保额，比较容易为客户接受。在这里，意外险就是一个"低价"。意外险的需求几乎每个人都有，而且便宜，又是每年续的；而首先推意外险给客户，并非谈判的目的是意外险本身，而是希望通过客户购买了意外险，达成了第一回合的交易，那么就会有第二回合、第三回合的后续销售谈判了，那个时候条件成熟就可以跟客户谈更大的个险产品。

3. 平开

所谓平开就是不高也不低，单求用客观的数据和原则来支持我们所提出的要求。

案例：

一位营销人员的客户是一对夫妇，这对夫妇是他的邻居，做生意开公司的，刚开始没有小孩。平时该营销人员与这对夫妇比较熟悉，这对夫妇对他也比较信任，在认识了大概一年以后，这对夫妇离开深圳到外地，把房子委托给他管理；后来过了一段时间，这对夫妇决定不回深圳居住，到外地长期发展了，于是委托该营销人员帮助把房子卖了。某天，客户来深圳办理一些卖房手续的时候，该营销人员打算跟这对夫妇沟通，让他们把部分的房钱拿出来买份保险。在见到客户的时候，营销人员首先询问客户："卖房的资金急用吗?"客户回答："不急用,就是房子留在深圳也不住,我们离深圳老远的,租出去也麻烦,不如卖了算了。"于是,营销人员向客户推荐把部分资金用来买保险,营销人员向客户主要提了四个方面的原因:第一,虽然房子卖了,但现在市场房价高,再买房子也不太现实,也没有这个需求;第二,资金暂时不用,闲放着也是闲放,不如购买保险,有稳定增值;第三,客户也是个做生意的人,这些卖房的钱也算是资产,而做生意的人有时候公司的资产和自己的钱难以划分清楚,一旦生意出现问题,这些资产也可能面临一个风险,如会被冻结或者偿还债务等;第四,客户刚好有生小孩的打算,购买了保险也是给小孩解决以后的教育金问题,像该客户现在这样的情况人生就很完整了。给了这四点原因,客户也觉得很有道理,于是便把卖房钱中拿出 50 万元购买了一份保险。

(三) 服务价值递减原则

服务价值递减的原则会教你一些对付买家的时候能派上用场的东西,它是指:你对客户所做的任何让步都会很快失去价值。你买的任何有形的东西在一些年后可能都会升值,但是在你提供完服务之后似乎很快就会贬值。

这种情况在降价促销这样的营销手段中表现得更加突出。很多商品在最初几次降价时,都会带来大量的销售增量,但很快用户就习惯了这种变化,甚至陷入麻木。这种情况对很多企业来说颇感头疼,但往往无能为力——任何一个企业试图改变市场规律的结果都无不以失败告终。

这种递减原则在日常生活中也普遍存在,以前小孩大多到春节才有套新衣服,所以对春节特别向往,现在小孩每年都会买一大堆的新衣服,而且这种消费的频繁程度随着经济条件的提高有不断加深的趋势。随着这种变化,春节的感觉也逐渐变淡——人们对这个节日渐渐地麻木了。同样,用户对产品、对营销手段的反应也是如此。

由于这个原因,谈判高手都明白,作任何让步的时候都应该立刻要求回报,因为你给人家的好处很快就会失去价值。两个小时以后它就会大大贬值。

这个例子听起来似乎很让人伤心，营销人员辛辛苦苦为客户服务，付出了那么多，到头来他/她所做的大部分服务都已经被客户抛之脑后。作为营销人员，我们需要面对大量客户，因此，我们需要提供有价值的服务。如果我们在谈判中作出让步或为客户做了一些服务，一定要及时抓住这一点，适时提出我们的要求。因为你给了对方好处，对方感觉欠你的，一定会想着偿还给你。然而时间一长，这种歉疚感可能就会慢慢消失。

在实际营销中，有的营销人员懂得利用这一条。他们将销售谈判的过程放在为客户服务的过程之后，这样可以避免服务贬值，从而利用服务的价值。

（四）分割策略

我们经常会听到营销人员对客户说："我们的价格并不高。虽然，你每年要交3000多元的保费，但是如果你将这些保费平摊，每一天你只需要支付十几元钱。这些钱对于你的家庭没有任何影响，而且你还获得这么高的保障，何乐而不为呢？"这种策略可以称做分割策略。简单来说，分割策略就是把大的目标拆分成小目标的方法。使用分割策略的目的是要转移商务谈判的焦点，减轻压力。在中场谈判中，分割策略可以发挥很大的作用，尤其在跟客户谈价格和成本的时候。

故事分享

1982年，美国财政部长唐纳德·里根和联邦储备委员会主席保罗·沃尔克正在同墨西哥政府谈判偿还一笔巨额国际贷款。墨西哥政府想拖欠820亿美元的贷款。他们的首席谈判是财政部长杰塞斯·赫佐格。最后解决办法是他们同意给美国大量的石油作为美国的战略石油储备。然而这不够。美国人要求墨西哥支付给他们1亿美元的谈判费。当时的墨西哥领导人洛伯兹·波地洛听说这个要求以后，火冒三丈。他大致是这样说的："你告诉罗纳德·里根，见他的鬼去，我们不会给美国支付谈判费的，一个比索都不可能。不可能！"于是，美国人重新确定了谈判幅度。最后，墨西哥竟然支付了5000万美元。

故事分享

一元钱的故事

营销人员："王先生，是这样的，你每天上班，我也每天上班。我们来签一个协议好吗？我每天上班时给你 1 元钱，那天安全回家，那 1 元钱就归你了，第二天上班时，我又给你 1 元钱，那天安全回家，那 1 元钱又归你了，每天我都这样给你 1 元钱，如果有一天，我回不了家，你就给我家人 30 万元，好吗？"

客户："不好！"

营销人员："那把这个协议内容转换一下好吗？你明天开始每天给我 1 元钱吧。我来给你家人 30 万元。好吗？"

无论大事小事，我们每个人心中可以接受的价格都是折中的。通过分割，谈判高手确信即使如此，他们也得到了自己想得到的东西。

我们应当站在客户的角度去思考分割策略的作用。生活中，我们去商场里买东西，店员开的价超过了我们的预期。经过几个回合的谈判，最终成交的价格就恰巧处于我们心里价位与店员开价的中间。其实，店员是将我们的价格进行了分割。我们感受到了对方的让步，但其实我们支付的价格还是高于自己内心的合理价位。我们并没有因为对方的价格高而生气，或是不买。这样的生活经验也告诉了我们，在与客户进行销售谈判时，可以将我们想达成的目标分割成小的目标，一步步攻陷客户的心理防线，最终实现销售谈判的成功。

我们在跟客户谈保险时，经常会碰到这样的情况。与客户沟通保险意识、险种的保障责任，客户都非常认可，表现出了很强的购买欲望。我们眼看着胜利在望了。但是，当客户开始询问价格时，我们谈判的气氛就变得紧张。客户对价格非常敏感。因为，保险产品不是实物，它的收益看不见、摸不着。客户心里对于保险的价格没有底，这个价格没有一个衡量标准。无论我们的报价是多少，客户都会觉得保险很贵，所以，一谈到价格，客户就需要再考虑一下，他需要和家人商量，看这个价格是否值得。这个时候分割策略就可以大显神通了。需要注意的是，在使用分割策略时，应该找到客户心里可以接受的合适价位；否则，即使对价格进行分割，客户还是无法接受，那么这样的销售谈判很可能就无法顺利进行下去。

要点：寻找客户可以接受的合适目标，将大目标分割成小目标，步步为营。

（五）　认同客户观点

在销售谈判中场阶段，我们对客户的需求已经很明确，客户要解决的问题也大致确定，这个阶段平稳进行，还需要注意的是要避免客户产生敌对情绪。中场阶段，客户通过谈判的每个细节都在观察我们。营销人员表现出强烈的求胜情绪是非常忌讳的。应该让客户看出我们是由诚意创造一种双赢的结果，营销人员不是一个处心积虑的对手，想揩尽可能揩到的每一滴油。

现实中，敌对情绪的谈判都不会取得好的效果。因此，从开始谈判的那一刻起，我们就应该注意自己说出的每一句话。如果客户在谈判开始、谈判进行中的立场与我们完全不同，不要争论。争论总是加剧客户证明自己正确的欲望。最好先正面肯定客户的观点，然后采用恰当的方式来扭转局势。

当客户说出完全不同的观点时，我们可以回答："我完全理解你的感觉。其他很多客户过去跟你现在的感觉一样（我们没有同他争吵，而是在认同他）。但你知道我们总是发现什么吗？当我们进一步同客户探讨的时候，他们总是发现……"

上面回答问题的方法就是我们破解客户敌对情绪的策略。我们可以尝试以这种方式来回答客户。

让我们看几个例子。

保险销售谈判中，客户经常会抱怨保费太贵了。客户会说："保单的价格太高了。"如果你同他争论，他认为有必要向你证明是你错了，而他是对的。相反，你可以这样回答："我理解你的感觉。很多客户一开始看到自己的保费时也跟你有同样的感觉，然而，他们经过进一步研究就会发现我们提供的是市场上的最优价格，我们公司提供的也是市场上最优质的服务。"尽管，我们没有正面肯定或是否定客户的观点，但是客户会感觉到我们首先认同他的观点，然后，通过大多数人的案例来说服客户。

还有一些时候，客户会以自己没钱来拒绝保险。客户会说："你讲的我都能理解，我也觉得保险很有用，但是，我确实没钱来买。"这个时候，我们可以回答："我能理解你的意思。很多客户在买保险的时候都觉得自己没钱，跟你有同样的感觉。但是，大多数人都会发现，自己在很多没有必要花钱的地方浪费了太多的金钱。如果有一天意外发生了，需要支付因意外带来的生活费、医疗费时，才会想起来保险。他们都会想如果将每天浪费的钱节省下来购买保险，一定可以帮助我们解决大问题了！"

其实，中场谈判中，客户产生敌对情绪时，最不明智的做法就是与客户当面争吵。当面争吵会加剧对方的敌对情绪，应该尽量避免与客户争吵，养成一种先表示同意然后扭转形势的习惯。

当进行销售谈判时，我们开始争吵的时候，别人就会争吵，这是人的本能。不会正面冲突的另外一个好处是，我们可以给自己留一段时间来思考如何应对客户的异议。假设一种场景，你在酒吧里，一位女士对你说："世界上就剩下你一个男人，我也不用你给我买饮料。"你以前从没有听过这样的话。你感到非常震惊，不知道该说什么才好。但是如果你心里懂得不要正面冲突，你就可以说："我了解你的感觉，其他很多人也有同样的感觉，但是，我却发现……"

说完这些你可能想起该说的话来。同样，当你在客户家里进行谈判时，客户会说："你说多少遍，我还是不想买保险。我没有时间浪费来跟一个营销人员讲话了！"你冷静地回答："我理解你的感觉，其他很多人也有同样的感受，但是，他们却发现 ……"等我们说完了这句话，脑海中已经构思好了应对策略。

要点：当客户与我们的观点不一致时，切记不要正面冲突。我们可以采用先认同，再扭转的方式来改变客户。

（六）正面应对客户的问题

销售谈判中，有两个原则必须时刻谨记：第一个原则是，话要老老实实地说；第二个原则是，不敢说的话赶快说出来，说出来就没事了。中场谈判中，说什么话，怎么说，都是很微妙的事情。有些话应该早说，有些话不应该说，有些话应该点到为止，有些话应该深入探究。不同的说话方式会应对不同的谈判情景。其实，谈判说话有一个根本原则就是：涉及客户利益的问题，我们应该实话实说，并且应该早说。越早说出来，越早排除谈判的障碍。这种策略就是正面应对客户的问题。

销售谈判的中场，我们不可能不面对客户提出的异议。出现异议，说明客户在认真思考和权衡这场谈判的结果。如果一个客户毫不在乎谈判结果，那么他也没有必要提出异议和想要知道答案。把握住客户的谈判心理，我们能做的就是出现问题时，正面应对，不要闪烁其词。

有些保险营销人员，特别是新人会害怕客户提出异议，尤其是当客户提出一些非常尖锐的问题，营销人员会表现得手足无措，不知该怎么回答。面对这样的营销人员，客户不会产生信任感。

比如，营销人员在跟客户谈论分红险时，客户会用不屑的语气说："你们公司的分红就那么一点点，根本就不够用。在市场上，也没有其他公司分红分得多。我怎么可能购买？"如果我们把这个问题转化，改为跟客户谈论保险的保障功能，那么，我们传达给客户隐含的意思就是肯定了公司的分红很少，不如其他的保险公司。这个时候，客户一定会质疑产品，进而质疑公司的实力，那么销售谈判也不会成功。

如果换做另外一个销售高手，他会这样说："我能理解您的问题，您能这么想说明您确实需要购买分红险，只是您在担心分红的收益。那么我来告诉您分红与哪些因素有关。分红来源于公司的投资经营成果。如果一个公司坚持进行长期稳健型的投资，经营得当，利润高，那么长期来看，分红很稳定；如果一个公司只是追求短期的高收益，投资一些风险高的项目，那么可能短期来看，分红在某一两年高了，但是长期来看，分红水平是不稳定，数目多少无法确定。您是想要长期稳定的分红，还是只追求短期的收益呢？"

第二个营销人员就是站在客户的角度，正面回应客户的问题。这样做，不仅解决了客户的异议，还确立了营销人员的专业形象。

故事分享

营销人员去与一位会计师谈保险。前期沟通非常顺利，但是，这位会计师始终都有异议。

会计师说："身为一位会计师，我认为付出那么多的保费，只能得回那么少的利益，很不划算！假如我拿这笔钱去买股票、去投资或做其他生意，我相信我赚回来的钱会更多！并且我的父亲今年已经95岁（当时在家里，他的父亲就在旁边，在看电视。会计师当时50岁）。不但健在，而且身体非常健康。我也相信自己也会很长寿，不会有事，保险不用急着买，再给我多一点时间，让我认真地考虑再说，好不好？"

这位会计师最大的盲点，就是拿保险和投资、做生意来作比较。营销人员拿出一张纸，画了一个圆，接着说："假如这个圆圈代表您所有的收入，基本上，如果您要买保险，您只需要考虑两个问题：第一，您是否是一位有爱心和有责任感的人？第二，您是否愿意拨出收入中的5%来表达您的爱心和责任感？其他的95%您可以把它用在买股票、投资、做生意或消费上。"

"假如您从投资的角度去看待保险，那请您不要买，因为保险的回报率的确很低，不值得买！"

"人生无常，保险最大的功用就是承担意料不到的风险——这个功能投资做不到，股票做不到，储蓄做不到。"

"假如您认为在未来的50年，您的生命一点都不会有风险，而您也不在乎您昂贵的生命价值一点也没有保障的话，那您现在就可以决定不用买。"

营销人员这几句话掷地有声地讲出来。会计师反而什么都不敢讲了。最后，会计师认可了营销人员的观点，并顺利地签单了。

三、应对销售谈判中的僵局

销售谈判中充满了变数，并不是每次谈判都能够顺利进行，我们经常会遇到各种各样的困难局面，每一位谈判者或早或晚也都将面对。分歧的确会令双方痛苦不堪，但又很难避免其发生。造成谈判困境的原因有很多种，可能是价格上的分歧、交易条件上的分歧、售后服务方面的分歧，甚至是观念上的分歧等。双方要么沉默相对，要么索性终止谈判。这是双方都不愿看到的局面，这也会给各自带来损失，对谈判双方来讲都是时间上的浪费。

很多时候，客户提出的一些问题都会导致销售谈判的进程无法继续推进。他们会说："我们是这么多年的朋友，我不希望因为保险影响了我们之间的关系，谈什么都行，就是不要再谈保险了，好吗？"或者"买保险对于我来说负担太重，暂时不想考虑了。"或者"我已经买了足够的保险，你看看，保险合同装满了我的保险柜，我不想再买了。"或者"买保险的收益能有多少，我还是选择把钱拿来投资股票"又或"听说保险佣金很高，有朋友说你们可以打折。"

我们经常会遇到类似的一些问题，导致谈判的进程无法推进，陷入了尴尬的局面。在这个时刻，如果只是把关注点放在这个问题上，与客户探讨甚至是争论，那么结果可想而知。因为，有些时候，这些想法的确是客户当时的真实想法，也很可能是他们的底线，一旦你继续碰触，他们就会进行强烈的抵抗，导致谈判没有回旋余地，也只能终止或暂停。

许多经验欠佳的营销人员在困境面前不知所措，认为谈判即将破裂，没有办法扭转局面，完全丧失了继续下去的信心。其实，在实际谈判中真正的僵局少之又少，很多困境都是有办法解决的，但需要一定的技巧。要想防止谈判陷入僵局，就需要精通谈判的技巧，并善于在实践中灵活运用。

故事分享

一次，当营销人员和一位母亲谈到教育金保险的时候。

母亲："你提到的教育金保险，我觉得会让家里负担太重，不想买。"

营销人员："请问您有没有让您的孩子补习？补习也是一种负担，为什么您让您的孩子补习呢？"

母亲："没有补习的话，也许跟不上其他的同学，现在几乎每个家长都送孩子去补习。"

营销人员："您的孩子年纪还小，除了正课之外，您还送他去补习，请问这是您的意愿还是孩子的意愿？"

母亲："这当然是我的意思！"

营销人员："您的孩子年纪小，很好玩，不愿意努力地读书，但您却每天硬性地要求他读很多书。有一天，他长大了，他自己想读书，想进大学，他想硬性地要求您让他去读书，您能满足他的要求吗？"

营销人员："假如您现在不为他将来的大学费用做好准备，您没有把握使他有足够的钱去读大学，那您又何必现在每天逼着他去补习，要求他读书呢？"

营销人员："负担重的确日子难过，但没有办法完成母亲的责任，会让您终生遗憾，对吗？"

营销人员："请您仔细想想，其实，这份保险计划不需要花太多的钱，但栽培一名有成就的孩子却需要更多的精力和金钱。儿童保单也不贵，但确保孩子成龙成凤是一个昂贵的过程。"

营销人员："请今天就开始为您的孩子投保，让他拥有一份最有意义的礼物，好吗？"

这位母亲提到了负担重，营销人员并没有正面和她继续探讨，也没有想方设法地告诉她这份教育金保险不贵，而是寻找到另外一个突破口，那就是，一个母亲应尽的责任。这个案例的精妙之处在于，遵循了一个规律，那就是当我们没有足够的力量进行正面对抗的时候，就要运用避实击虚的策略，侧面迂回取得销售谈判的进展。

客户的拒绝就好像是一堵城墙，异常坚固，如果一定要攻城拔寨、强攻豪取，那么，结局很可能是两败俱伤。此刻，为什么不仔细地思考一下攻击点的转换呢？地势低洼你可以水攻，用法得当还可以里应外合，不战而屈人之兵。总之，避实击虚的策略告诉你，根本不需要正面交锋，因为那样是不平等的，等于用我方劣势去和对方优势相抗衡，所以，销售谈判当中，要善于用我们的优势去攻击对方的劣势，这样自然就可以马到成功了。

再比如说，客户问道："听说你们的佣金很高，买保险应该可以打折吧？"如果直接告诉他："打折！你想都不要想，保险是不讲价的。"这样的回答过于生硬，等同于跟客户发生正面冲突，很可能谈判立刻破灭。这个时候，客户和我们谈的是佣金问题，如果纠缠在这上面的话，对我们没有益处，所以，我们可以和他谈谈薪水的问题。你可以说："客户先生，您工作的时候，老板会给您薪水，对吗？如果总是出于某种原因使得您的薪水不断减少，甚至没有，而您的能力又很强，您会选择怎么做呢？"在此，我们要让客户知道的不是我们的佣金比例是多少，而是在建立同理心的同时，让客户也好好想一想，自己应得的薪水如果总是被别人拿走，那会是什么感觉呢？

在此，转换话题，自然也就转换了矛盾。我们应该学会把话题引向对我们有利的方面，学会避实击虚。

四、团险销售的中场谈判策略

经过了前期销售谈判磋商，双方的信息互换已经比较全面深入了。目前在市场上的团险销售模式分为两种：一种是由营销人员凭借自身关系、人脉和能力接洽到团体客户，与客户直接进行销售谈判。如果客户的要求较高，如要设计员工综合福利计划等需要专业性很强且金额较高的话，营销人员一般会寻求团险销售支持的帮助，以完成业务销售谈判。

另一种是由于团险市场近年来越来越规范，也越来越专业化，政府还有很多企业通常也喜欢用招投标的方式——招标单位通过对保险公司资质的认定，会给筛选出来的公司发标书，里面说明了企业的情况和需求，要求各家保险公司派出专业团队设计投保方案，制定好价格，然后在统一时间参选竞标。这也正是团险销售谈判的特色。团险销售的价格战有愈演愈烈的趋势。

（一）开价的策略

事实上，开价的策略有三种：高开、低开和平开。

高开的好处在销售谈判开局策略中已经有描述，在这里还要继续强调，那是因为在我们的调研中发现，许许多多经验欠缺的营销人员一开始就报出了最低价！这是个灾难性的举措！

原因有以下几点：

人们还价的原因是什么？是基于"这个价格高了"，还是"这个价格还有降价空间"？答案是第二个。人们觉得价格还有得降，所以才会讨价还价。换句话说，人们不知道销售代表在谈判的一开始就给出了底线，所以也不会为销售代表的坦诚埋单。准客户会继续要求销售代表降价，但是很显然，销售代表已经无路可退了。在之后的销售谈判中，销售代表和他的队友会显得非常被动。

因为不能继续降价，所以无法答应对方的降价要求。如果对方是个相当自负的人，麻烦会更大一些。因为中国人好面子，钱是小问题，面子是大问题。可惜对方不知道销售代表一开始就已经给足了面子，这会引起误会。

因为销售渠道的特性，经常会发生好几个同公司的营销人员拜访同一家企业的情况。在这种情境下，如果老业务员已经与该企业签订了协议，而新业务员却报了个更低的价格，灾难就发生了。企业会觉得受到了欺骗，很可能从此就终止了与老业务员的业务关系。所谓"成事不足，败事有余"。因此老业务员总是感慨："我们不怕同业公司的竞争，就怕自己公司的新业务报最低价！"

我们来概括一下高开的好处：

（1）可以留有一定的谈判空间。我们总可以降价，但不能上抬。

（2）或许能侥幸得到这个价格。

（3）这将提高产品或服务的外在价值。

（4）避免由于谈判双方自尊引起的僵局。

（5）创造一种让对方取胜的气氛。

（6）不会因为开价太低而破坏本公司的其他业务关系。

高开策略需要有限度，胡乱抬价是不可取的。

　　当然，是否选择低开策略也是要根据具体情况而定的。在很多竞标场合，各家保险公司只有一次报价机会。这种场合下几乎没有议价的空间，要么成交，要么走人。如果经过深思熟虑很希望拿下这单业务的话，价格低开一些是可取的。

　　有时候，低开是个战略部署——先建立业务关系，再进一步合作。有很多新进市场的保险公司在初期会采取不计较成本，宁愿亏本也要拿到生意的举措。这无疑给充分竞争的团险销售市场增添了很大压力。

　　平开的策略，就是哈佛大学学者提出的"原则式谈判法"，用客观的原则与数据，来支撑我方的要求。这样的开局比较理性、诚恳，没有心理负担。对于每笔钱的流向，团险方案的设计原则和构成，能够享受到的服务等都娓娓道来、诚诚恳恳。选择用这种策略的人更关注的原则是：公平。不互相占便宜，只要公平。所有的提议或协议，如果能够用公平加以包装，就显得理直气壮。

故事分享

　　竞标时候开低价格并不能确保能拿到订单，有可能会直接被淘汰。在一次竞标过程中，某家公司开的最低价格比倒数第二名低了30%之多。同样的服务条款、费率，该公司以如此低的价格承诺提供优质的服务，不仅同业的竞争对手表示惊讶，就连招标的企业也对此表示难以置信。招标者花的是企业的钱，其目的是为员工谋福利，除了看中成本以外，更看重保险公司为员工提供的服务质量，如此离谱的价格让招标者极为不放心。企业认为没必要花这些钱去购买不怎么放心的服务，所以这个低开价的公司被淘汰出局了。

　　但是，在该公司上报了离谱的低价之后，招标企业提高了心理预期，认为价格还可以再降一些，于是对其余的竞标者施压，这对整个局势都产生了影响。

　　太低的价格会被认为是在干扰市场。所以在下一次的招标活动里，那家开价最低的保险公司被取消了竞标资格。

　　在制作团险保障计划的标书过程中，因为参与竞标的其他公司也在做同样的方案，对于竞争对手的底价很难判断，通常都靠多年积累下来的经验。而招标的企业最后将对所有的标书进行审核，所有竞标者处于相互博弈的境地，在这种情况下刻意高开或者低开都没有太大意义，大多数遵循的就是平开策略。最终设计出来的组合方案的每个条款细则都是为了解决客户的某个问题，有理有据，费率的厘定也十分合理。

（二）老虎钳策略

　　在竞争越来越激烈的团险市场，一家企业会被多家同业公司登门造访，有的企业可能会拿竞争对手的条款、费率等给我方施加压力，要求更优惠，迫使我们开出更好的条件，在谈判中让步。"你们的方案设

资讯链接

在大型项目的团体险招标时，因为工程更加复杂，金额更加庞大，所以招标者在决策时更为慎重。在进行招投标的过程中，所有竞标者在制订了方案和价格、投递标书后，往往还有机会作出修改。这使得整个竞标流程更加的复杂，要求的技术也更高。

通过第一轮的开标，各家的标书经过了招标方的审核后并评定了分数，先淘汰一部分出局。然后招标方会将剩下的竞标者的底价予以公布，要求各家公司再次修改标书中的方案和价格。这是个非常典型的老虎钳策略。招标方只是公布各家结果，并没有表示更倾向于谁，接着就保持沉默，然后等待再次开标。

因为各家价格不一样，竞标者们陷入了价格的博弈战中。迫于来自竞争对手的压力，各家会自发地让自家的投标方案更优惠一些。而这正是招标方希望看到的结果。

计得不错，我们手上也有别家公司的类似方案。你们能再优惠一些吗？"然后就一言不发。这是用来还价的常用策略——老虎钳策略。

这个策略可用这样一句简单的话来表达："你可以更优惠些吗？"然后沉默。这里的优惠包含价格、条款、服务等所有可以优惠的因素。盲目的退缩是于事无补的。如果有人对你用这个策略，你就用这样的对策："你们觉得如何调整（费率、条款、服务等）更合适呢？"这将迫使买主说出具体的条件或更有价值的信息，把买主挤到一个具体的位置。除非就对方的一个具体的还价表态，否则你永远不能对买主作出让步。

（三）请示上级领导策略

在销售谈判期间，需要作出让步或者决定之前，对方往往都会说要请示一下上级领导，对此销售代表或许感到沮丧。其实这只是人家使用的一个简单的谈判策略，因为当我们对别人这么说的时候，我们永远都不会去跟那个所谓的上级领导去商量的。

所以，买家说他们得回去同领导商量的时候，那可能不是真的，但这是他们运用的有效的谈判策略。那么，让我们首先看看为什么我们要用这种策略，然后再来探讨当买家用这种策略来对付我们的时候该如何应对。

"两位，我感觉咱们谈得太好了，你们公司的产品我是满意的。但是，说实在的，我得回去和我们的领导商量商量吧。"我们可能觉得要是出去谈判，希望自己有权作最后的决定。如果我们对买主说："我有权力跟你做买卖。"乍一看，似乎我们有很大的权力。于是我们可能对销售经理说："我来解决这个问题，给我权力做笔好的生意。"

销售谈判高手知道这样做就是把自己置于一个不利的地位。在改变自己的出价或作出决定之前，应该总是和上级领导商量一下。把自己当做决策者的谈判人员等于把自己置于严重的不利地位。应该把自我抛在一边，这种方法十分有效。

此种方法起作用的原因非常简单：当买家知道你有最后的决定权的时候，他们知道只要说服你就可以了。如果你有最后决定权，他们就不必太费其他的口舌，因为你一旦表示同意，他们的买卖就成了。

如果告诉他们我们必须得请示领导，情况就不同了。当我们必须得到部门、领导、经理或者合作伙伴同意的时候，买家就得做更多的工作说服我们。他们必须给我们一个能带回去让领导接受的价格。而且，他们知道必须让我们心服口服，使得我们愿意说服领导接受这个价格。

我们已经看到使用请示领导这个策略的力量，现在让我们来看看买主为什么使用这个策略来有效地对付我们：

（1）他们可以此向我们施加压力，而不用反驳我们："我们得听听其他部门的意见。"

（2）这个策略使我们失去平衡，因为我们对自己不能跟真正的决策者见面而感到沮丧。

（3）通过臆造出一个上级领导，他们可以把决策的压力抛在一边。

（4）他们也会使用老虎钳策略咬住不放："如果我们回去跟领导商量的话，那你应该出个更合适的价格。"——逼我们先出价。

（5）如果经过上级领导或者其他部门的同意，这种策略会把我们置于一种和买主统一的立场中——我们需要一起作出努力以便于去说服别人。

（6）他们会给我们一些建议而并不意味着是他们自己的意见："如果价格能再降 10%，领导可能会同意。"

（7）这一策略可以用来迫使我们进行一场价格大战："采购和财务部门让我带回 5 家价格，好像他们准备接受最低的一个。"

（8）买主压我们降价而不直接说出他们的要求："财务部决策层明天开会最后作出决定，我知道他们已经得到了一些更低的价格，所以你这个价格没什么戏了，如果你的价格最低，你还是有可能的。"

（9）买家会用黑脸/白脸的策略："就我本人而言，我愿意和你做生意，但是其他部门的一些领导只考虑最低的价格。"

对策：现在我们明白了为什么买主喜欢用请示领导的策略对付我们了。庆幸的是，谈判高手知道如何娴熟而有效地面对这个挑战。这里有一些应对策略：

先下手为强。第一招应该是：让买主在谈判开始之前就打消使用请示上级的方法，让他们承认，如果价格是可以接受的他们就可以自己作出决定。

所以，在报价给买主之前，甚至在我们拿出价方案和价目表之前，我们应该漫不经心地说："我不想给你施加压力……"（就谈话隐含的意思而言，这叫做准备——你准备给他们施加压力。你已经允许自己给他们施加压力）"我不想给你们施加压力，但要让谈判有结果的话，我们现在就要谈好。所以我问你一个问题：如果这个报价能满足你的一切要求……"（简单明了，不是吗）"如果这个报价能满足你们的一切要求，你们有什么理由不在今天就作出决定呢？"

对方不会认为这有什么妨害，因为他们在想："满足我们所有的需要？没问题，还有很大的商量余地。"然而，如果我们能让买家回答："好吧，如果确实能满足我们的所有要求，我就马上表示同意。"那么就取得了下面的成绩：

（1）我们已经削弱了他们要反复考虑的权力。如果他们这样说出来，我们可以说："好吧，咱们再谈一次。肯定有什么我说得不够清楚，因为你先前确实表示过你愿意今天就作出决定。"

（2）我们已经削弱了他们请示上级领导的权力，并削弱了他们说下面这些话的权力："我们想让我们的采购部门看一看。"

咬住不放。如果不能阻止他们请示上级领导，那又该怎么办呢？相信很多时候，我们对买主发表了自己的意见以后，他们却马上就说："很抱歉，这种规模的买卖，一切都得经过财务部门的认可，我得让他们作最后决定。"

当无法阻止买家请示上级的时候，谈判高手通常要采取两个步骤。

第一步：抬举他们的自尊。面带微笑说："但他们总得听您的建议，不是吗？"带一些人情味，抬举他们。他们可能会说："是呀，我猜你是对的。如果我愿意，你就有希望。"但通常情况下他们会说："是的，他们通常听我的意见，但我总得让其他部门商量一下才能答复你。"如果意识到自己正在同一个自负的买主做买卖，在开始报价之前就要首先试探他们是否会请示领导："你觉得你要是把我们的报价带回去给你的上级，他会同意吗？"通常一个自负的买主会犯错误，他会骄傲地说他无须征得任何人的同意。

第二步：让买主接受你积极的建议，回去同其他部门或领导商量。你说："你得同他们商量，对不对？"他们可能回答："是的，是个好的建议，我回去同他们好好商量商量。"在第二步中，谈判高手积极建议他们回去同领导商量。那么只可能有两种情况发生。他们要么说是的，要同上级领导商量，要么说不用——因为……无论哪种情况，我们都赢了。他们同意当然是更好，但是他们表示反对的时候，也是件令人开心的事。因为反对是买的信号。买主只要在真的想买东西时，才会反对价格，否则他们对价格根本不感兴趣。

想想一生中有没有见过一笔大买卖，买主一下就同意了卖方一开始的价格？当然没有。所有认真的买主都对价格不满。

最大的问题不是反对，而是冷漠。如果买主说："这么多年来我们一直采用××保险公司的方案，我们的合作很愉快，我不想花时间讨论做什么变动。"这才是最大的问题，因为买主对我们的方案没丝毫兴趣。冷漠是问题，而反对不是问题。

概括起来，如果不能改变买主请示领导的想法，那么，对策的两个步骤是：

（1）抬举买主的自尊，给他们戴高帽子。

（2）积极建议买主同上级领导商量。

反过来如何做呢？如果别人试图阻止我们求助领导，那又该怎么办呢？作为营销人员，谈判的时候善于运用以及及时应对请示领导策略是很重要的，我们要保留自己请示领导的权力。通常要阻止买家求助他们的领导。

对策：当发现买家对我们使用请示上级策略时，对策如下：

（1）我们可以同样使用这一策略，抬出逐步升级的领导。对方会很快明白用意，请求休战。

（2）每升一级，就应该回到谈判开始的立场。不能每次都作出让步。

（3）在我们获得最后批准而且签订合同之前不要认为交易已经成功。如果我们开始从心理上认可这笔买卖，那就会投入过多的情感，以致无法脱身。

切记要点：即使我们有足够的权力，也应该"虚构"出更高级的领导，这对我们的谈判有利。谈判的时候不要太顾及面子，不要让买家诱使我们承认自己有权力。试图让买家承认：如果我们能满足他们的所有要求，他们就会同意作出购买决策。

请示上级领导策略是一种迂回的回避让步和作决策的手段。但是需要注意两点：

不能什么事情都用"请示上级"来开脱。这会让对方觉得我们只是个传话筒，不具备任何谈判的权力，跟我们谈判是在浪费时间。

如果对方已经派出了决策层需要马上作决定，就应该当机立断。在这种情况下的拖延只会被认为是缺乏效率和没有魄力，这会对销售谈判的结果产生不利影响。

故事分享

客户企业的团体保险很快就要到期了，在与我们中国人寿团险营销人员接触后，想将保险转投到我们公司。因为客户之前有在同业投过类似保险，所以在价格方面要求我们再优惠些。双方就此展开了销售谈判。我方对于服务条款、细则、费率都进行了较为详细的说明，表示不愿意进一步调低价格。在商讨过程中，我们发现如下问题：

客户的团体险很快要到期，能否在短期内转保成功让保险顺利顺延是客户十分关注的问题。

客户的投保计划中包括团体重大疾病保险，观察期的问题也是客户关心的。如果在观察期中出险了怎么办？

我方完全有能力取消对方企业的观察期，也能保证让对方客户的保单及时生效。但是我方运用了礼尚往来策略——要求对方单独对我公司出示一张相关的"申请书"，并要求加盖公章。我们承诺会尽量争取达到客户的要求。

两天后，我方收到了对方的传真。之后我们按照既定的价格顺利谈成了这笔业务。

（四）礼尚往来策略

销售谈判实际是双方互相交换筹码的过程。让步是不可避免的，我们来谈谈谈判中期的最后一个策略：礼尚往来。礼尚往来策略告诉我们：无论什么时候买家要求我们作出让步时，我们自然应该要求一些回报。

这基于"服务价值递减"原则——我们对别人所作的任何让步都会很快失去价值。我们买的任何有形的东西在一些年后可能都会升值，但是服务在我们提供完之后似乎很快就会贬值。而保险本身正是一种无形商品，是一种服务。

对于我们作出的让步和服务，客户有一时的感激和触动，但是很快，这种感动就消失了。然后客户也许没完没了地给我们打电话，提出诸多要求，似乎认为我们为他提供的额外服务是应该的，也忘了感激。

这就像是奖金的发放。如果这笔奖金是额外的，拿到奖金的员工会兴奋一阵子，一旦这笔奖金变成了制度——如月奖或者季度奖或者年终奖，它就变成了理所当然的东西，对于员工的刺激也就越来越小。我们很多辛勤的营销人员终日为客户奔波劳累，提供额外服务，有时候却还不被客户认可，正是因为服务贬值原则。

应对的措施是：当我们作出让步、提供额外服务时，也应要求对方对此给出一些回报。这符合中国礼尚往来的传统礼仪。

在销售谈判中，客户对自己已经付出的努力会加倍珍惜。我们要求对方写申请书，加盖公章，其目的一是让客户为我们达成交易付出努力，二是这个行为意味着客户对我方变相做了一个承诺书。礼尚往来策略让这笔交易顺利达成。

礼尚往来策略的要点：

（1）当对方要求小的让步的时候，我们应该索要一些回报。这样表达出的意思是："如果我为你们做这些，你为我们做什么？"

（2）我们可能马上得到回报。

（3）可以抬升让步的价值，以便以后把它作为礼尚往来的策略使用。

（4）最为重要的，它会阻止没完没了的要求。

（五）白脸/黑脸策略

对方在销售谈判中场时经常会使用白脸/黑脸策略。在团险销售谈判中，买主经常会用这个策略对付我们。

例如，我们正在给一个公司推销团体健康保险，已经同公司的人力资源部副总经理约好见面。当秘书把我们领进副总经理的办公室时，我们惊讶地发现公司的总经理也想来听健康保险的介绍。

这是二对一的谈判，情况不太妙，但是我们坚持了下来，进展还算顺利。我们报了价，觉得就要成交了。突然总经理生气了。他对副总经理说："看呀，我就不相信这些人能给我们一个严肃的报价，对不起，我还有事。"然后他冲出门去。

如果是经验较浅不经常谈判的团险营销人员，真的就可能动摇。然后副总经理说："别见怪，他经常这个样子，但我真的喜欢你提出的计划。我觉得我们可以接着谈。如果你的价格再调整一些，我想我们可以成交。说实话，你为什么不让我跟他说说，看能为你做点什么呢？"

如果没有注意到他们使用的计策，营销人员心里可能会想："你认为总经理会同意多少呢？"结果很快营销人员就会让副总经理帮他说情，但是副总经理其实根本就不站在营销人员这一边。

对策：别人用黑脸/白脸策略的时候，试试下面的应对方案：

（1）第一个策略是揭穿它。尽管有很多解决问题的方法，但这可能是我们需要了解的唯一策略。黑脸/白脸策略人所共知，运用此计而被当场识破的人会感到尴尬。如果看出对方运用此计，应该微笑着说："喂，接下来你是不是要用黑脸/白脸的策略？来来来，咱们坐下来解决这个问题。"通常他们会感到不好意思而偃旗息鼓。

（2）可以创造一个自己的黑脸来回击。告诉他们我们愿意按照他们的要求去做，但坐在领导办公室里的人痴迷于原来的计划。我们总是可以虚构一个比谈判桌前在场的黑脸更加强硬的黑脸来。

买主用黑脸/白脸策略对付我们的时候很多，有可能是我们想不到的。同两个或更多的人谈判的时候，要格外当心。

这是一个不产生冲突但又可以施加压力的有效方法。最好的办法是揭穿它。

在销售谈判中，价格的谈判无疑是重要的，表面上双方都围绕着价格在谈判，实际上这只是表象。价格不是唯一重要因素，也不是最重要的因素。真正的谈判是围绕着与价格紧密挂钩的一系列筹码在互相交涉：投保规模、员工福利、风险转嫁、条款细则、服务品质、公司资质等。在团险的销售谈判中，尤其面对大企业时，虽然涉及的金额较为庞大，但出资的并非个人而是企业，受惠的也将是企业双方，所以一定要将视野拉高、拉宽。弄清楚客户真正想要的，才能占据谈判中的有利地位。而真正在谈及价格问题时，往往预示着谈判已接近尾声。

第四节　终局谈判

经历了前期销售谈判前的信息收集、审视筹码等准备阶段，到获取筹码将对方拉入谈判桌进行交涉的开局谈判时期，再到获得认同、打破僵局、与对方互相交换筹码的中局谈判，或许这是一系列漫长而艰辛的历程，现在终于接近了销售谈判的尾声——终局谈判。谈判双方在磋商的过程中取得了一致的意见，最终在终局谈判环节顺利签署协议，从而终止了谈判活动，这就是成功的销售谈判。

可是保险的销售谈判又与其他的销售谈判不同，它有其特殊性：

一是对于客户来说，购买保险的决策事实上是一种对生活习惯作出重大改变的决策——之前几十年没拥有保险都好好的，为什么现在就要购买保险并且每年都要为之付出一笔钱呢？

二是保险本身就是种无形商品，提供的是服务，它看起来似乎只是一张契约。在整个保险销售谈判的过程中，客户发生得最多的是认知上的改变，而这一认知的改变更多的是由感性成分做主导的。换句话说，就是不够其他类型的销售谈判那么理性，其谈判的结果更具有不确定性。

因此保险的销售终局谈判极富挑战性。是带着利润回家，还是竹篮打水一场空，最后的"临门一脚"极其关键。帮助客户作出购买决策是保险营销人员的义务。下面我们来谈谈终局谈判的策略。

一、终局谈判策略

（一）消除自身的恐惧

在开局谈判时期，如果保险营销人员一开始缺乏谈判筹码，同时也需要面对时间压力，为了跟客户迅速建立起对等的谈判地位，保险营销人员的自信心十分重要。在终局谈判里，这一点更显得突出。

在沟通过程中，人们向交谈对象传播的信息里通常会包含：思想、期望、兴奋、情感、恐惧和怀疑。也就是说，沟通里会传递各种错综复杂的感情。同样的话语，不同的人能说出不同的效果，其根本原因在于说话人传递的感情不同。

负面的情绪会让交易往负面发展。对产品、公司的不自信，以及对客户是否会埋单存在犹豫和不确定性，这些自身内心里的惶恐、焦虑、犹豫、怀疑都会传到客户那里，客户也会作出同样的回馈。

同样，为客户提供清晰、有力的自信，这在成交中是具有感染力的。向客户传播信念，客户因此受到影响而去做你要他/她去做的事情。所有经过实践证明的并且看得见、摸得着的成交技巧，统统建立在这一基础上，即要通过你的一言一行传达这样一种信息——你一定会把这笔生意做成。

（二）安心策略

保险销售谈判中，在购买的那一刻，客户并非处于正常状态——客户会感到害怕。以下是三种买家基本的恐惧：

（1）买家们害怕赔钱或钱花得不值，害怕被欺骗。

（2）买家们会害怕产品或者服务可能并不像营销人员描绘的那么好，并非物有所值。他们尤其对购买新产品心存疑虑。（买的时候说得天花乱坠，理赔的时候靠谱吗？）

（3）买家通常对别人如何看待自己可能存在较强的畏惧心理。（我的朋友们不认同保险，如果我今天买了，他们会怎么说我？）

可以运用安心策略来消除买家的顾虑：

（1）通过肯定性的阐述来使对方放心（我们公司是中国唯一一家在全球三地上市的金融企业，全国 80 多家分支机构，是全球市值最高的寿险公司。购买我们的产品最让人放心）。

（2）通过重复来使群体理解你的意图（可以用不同的词句重复同样的主张，以便驱散挑剔的不安全感）。

（3）通过垂范进行激励（很多客户都投保了这个险种，银行行长是带头购买的）。

买家的害怕心理有且只有一种矫正方法：再次保证。

（三）消除对空白订单的恐惧感

保险是格式合同。格式合同会引发买家不正常的情绪。买家会担心把自己的名字白纸黑字地写在合同上。他们害怕轻率的决定。

很多保险销售新人会犯这种错误——在最后一刻突然拿保单出来叫客户签字。突如其来的举动会诱发客户的恐惧感，容易遭受到拒绝。

应对方案：早期阶段就拿出合同，因为迟早是要见合同的，早点把问题全部展开更有利于销售谈判的顺利进行。然后可以把买家的注意力引到合同上（您看，这里需要填写您的个人身体情况），指点并阅读上面的内容，让买家逐渐熟悉以消除恐惧感。

（四）讲故事策略

所有的销售谈判高手都善于讲故事。好的故事能引起买家情感上的共鸣，让销售顺利达成。

故事分享

在保险销售终局谈判时，可先讲个故事，用故事来对客户动之以情，晓之以理，与客户达成共识，并巧妙进行促成。

日本保险业有一个叫柴田和子的家庭主妇，从 1978 年第一次登上日本保险业冠军后，连续 16 年蝉联日本第一名，她之所以能取得如此好的业绩，与她会讲故事的本领分不开。针对父母在给孩子买保险时，总是犹豫不决的情况，她总会讲一个"输血"的故事：

"有一个爸爸，有一次开车到海边去度假，回家的时候，不幸发生了车祸。当这个爸爸被送往医院进行急救时，却一时找不到相同血型的血液，这时，爸爸的儿子勇敢地站出来，将自己的血液输给了爸爸。"

"过了大约一个小时，爸爸醒了，儿子却心事重重。旁边的人都问那个儿子为什么不开心，儿子却小声地说：'我什么时候会死。'原来，儿子在输血前以为一个人如果将血输出去，自己就会死掉，他在作决定前已经想好了用自己的生命来换取爸爸的生命。"

"您看，做儿子的可以为了我们做父母的牺牲自己的生命，难道我们做父母的为了儿子的将来买一份保险，您都还要犹豫吗？"

（五）类比策略

保险营销人员经过长时间的培训，对保险这种无形商品的理解更为透彻，但客户并非如此。在销售谈判中，运用类比策略，用生活中的例子作比喻，能帮助客户在短时间内更深入地理解保险，提升客户对保险的认可度。

故事分享

柴田和子被誉为"销售女神"，她在保险行销中，经常用"红黄绿灯"的比喻来劝导客户，让客户明白及时购买保险的重要性。

她会对客户这样说："不管是开车上下班还是兜风，总不可能一路绿灯到底；同样地，人生也有高峰、低谷，红黄绿灯不断交替。因此，您也需要稍留脚步，重新认真思考一下自己的人生。您现在遇到黄灯，甚至红灯，可是您却毫无所觉，因此我要请您止步，停下来思考一下，这样继续下去是否有问题。"

"人生到处潜伏着难以觉察、无法预料的危机，可每个人都认为自己是那个例外，可以一路顺风。别忘了，我们经常会看到路旁一辆辆被撞得七零八落、面目全非的肇事车，可他们在前一分钟也是一路坦途、跑得飞快的车！人生路上危机四伏，绝不能掉以轻心。您现在遇上红灯因而暂时止步，但要请您理解，红灯是上天恩赐给我们的人生转折点。我现在为那点微薄的佣金，耗费如此长的时间跟您说得口沫横飞，这张保单真正是专为您的家人设计的。您买保险，我赚到佣金，我感谢您；但是将来理赔的保险金可是支付给您的家人，是您家人的福祉。"

"我们保险营销员是在为您和您的家人提供最好的保险建议，这也是最适合您的保单，因此就购买这个保险吧。您是否投保与我并没太大关系，但能否挑选到一位有能力的营销人员来为您规划晚年生涯，可是会左右您的人生方向的。因此，请您作出最好的抉择，我会一直在这里为您服务，请为自己买个保险，让我为您规划终身保障吧。"

（六）小问题策略

小问题策略有时候又被叫做"二择一法"，即给客户一个次要（绝对不是主要）的选择。因为对于大问题的决策，人们会感到担忧，而小问题就轻松得多。一些常见的小问题：

是现金交款还是转账呢？

5 万元还是 10 万元？

是来银行领取合同还是送您家里？

受益人是写你的妻子还是孩子？

永远不要问买不买。你要买家作重要选择时，买家通常会回避。但在作次要选择时，买家通常不会犹豫不决。提供给客户几种选择方案，任其自选一种。不论他如何选择，所有的选项都隐含了一个大的前提——假设买家愿意购买。

（七）沉默策略

有些时候，对于客户的异议，不用直接给予回应，可以用沉默策略。

故事分享

经过了与客户交涉，业务员正在替客户填写保单。

"我没有钱。"客户对业务员说，意思是不打算买。

业务员不说话，继续填写。

"我真的没有钱。"看着业务员没有停笔的意思，客户有些焦急。

业务员抬头看了看客户，"呵呵"，笑了笑，继续埋头写。

"喂，我实在是没钱。"客户又在强调。

此时业务员拿起保单递给客户："没有钱，买它，是对的。"

最终客户乖乖地在保单上签了字。

故事分享中的案例来源于业内比较有名气的销售高手。在销售谈判中，客户经常会以"没有钱"为由拒绝购买。这个时候需要做些事情，推客户一把，试探问题的真实性。如果判断客户有钱只是在推脱，却又无从反驳的情况下，沉默是个不错的策略。

（八）烫手山芋策略

烫手山芋谁都不愿意拿，所以经常抛给别人。在谈判中，很多时候人们把自己的难题抛给对方，让对方进入两难境地，这就是烫手山芋策略。

在保险销售终局谈判中，需要客户提供银行存折等财务信息。而此时容易遭遇到客户出的难题："我卡里没钱。"

客户的潜在意思是：我卡里没钱，所以不要买了。

卡里没钱是谁的问题？客户的问题。现在客户把问题抛给了保险营销人员。在谈判桌上，通常要留下几个问题才做收尾。如果只剩下一个问题，那一定会出现"你输我赢"的情况，对整个销售谈判结果不利。

应对策略：

"不要紧，卡里没钱没关系。在财务扣款之前，我们这边会先有核保部门来依照您的情况进行审核。您先在这里签字，如果核保通过，一切手续都办妥当了，没什么问题的话，再考虑购买也不迟。"

这里用到了暂时搁置策略——将卡的问题放在了一边，然后将"买不买"的问题转移到"能否核保成功"问题上，既没有与客户发生正面冲突，也采取了有利于销售谈判的做法。

二、把握销售促成的时机

交易的促成不是随时随地发生的，它需要你的努力和判断。时机往往稍纵即逝，需要我们去把握：

1. 当客户不再提问、进行思考时。

2. 当客户靠在椅子上，左右环顾突然双眼直视你，那表明，一直犹豫不决的人下了决心。

3. 当一位专心聆听、寡言少问的客户，询问有关细节问题，那表明，该客户有购买意向。

4. 当客户把话题集中在某一险种或某一保障，并再三关心某一险种的优点或缺点时。

5. 当客户不断点头对我们的话表示同意时。

6. 当客户对保险保障的细节表现出强烈的兴趣，并开始关心售后服务时。

7. 当客户最大的疑虑得到彻底解决，并为你的专业程度所折服时。

8. 当客户听到产品介绍，瞳孔放大、眼睛发亮时。

三、巧用话术来促成

（一）以暗示的话术来诱导

营销人员不妨用暗示的话术对准客户说："公司保证能提供给客户不同的需求保障，但是有一点是需要客户加以配合的，那就是您必须将个人状况及期望如实告诉我，以便我们能为您做妥善的保险规划。因此，麻烦您先回答几个问题，让我在了解您的各种状况后，尽快为您设计合格的保单。"

（二）应对"不时之需"

人寿保险最大的特点是保障未来不可知的变化，所以营销人员可以从保险对家庭变故所能提供的保障程度入手。您不妨对准客户提出以下三个问题，然后再让准客户明白这些变故都可以通过投保寻求到解决的办法。

1. "万一投保后您不幸遭遇意外，本公司将会依您所投保的金额如数支付给您的家人。"

2. "倘若投保后您发生意外事故，造成全残或高残而无法继续工作时，不但可以免交续期保费，而且保单继续有效。"

3. "如果您退休之后，需要一笔钱来支付日后的生活，那么选择养老保险，它能为您解决这个问题。"

（三）将责任转嫁到保险公司

对于必须承担家庭责任和义务的准客户，营销人员不妨诚示："您只要按期交纳一定保费就能使全家获得保障，并且将您对家庭所承担的责任转嫁给保险公司，而公司也将因您的投保，为您担负起未来的责任，因此请千万不要忽视投保的效用才是。"

（四）打开准客户内心的"症结"

准客户投保与否说穿了只不过是个人内心症结的问题，由于大多数准客户刚开始都会以打乒乓球的方式回答您的问题，所以如何要求准客户开诚布公地据实以告，相形之下就更为重要了。营销人员向准客户表示："相信您已明白了投保对于您个人乃至家庭的好处，而且投保是一种相当划算的投资，这是众所皆知的，因此，您能同意我的说法，我实在是由衷地高兴，是什么因素使您犹豫不决而拒绝投保呢？您不妨把心中的疑问提出来，我们一同来讨论看看，或许我可以为您澄清一些疑问呢！"

（五）以实例说明来促成

其实许多客户很少想到"万一有一天我……"或"退休后会怎么样……"问题，由于这些问题对准客户而言，就好比是隔岸观火，因此他们常会以一笑置之的方式回答您。此时，营销人员最好能以自身或身边实例或是同事的保险案例作为佐证，将投保的重要性勾画出来，相信将或多或少会改变准客户的一些不正确的想法。

除此以外，在终局谈判中尽量少用否定性语言，要多用"肯定性话术"，如"希望您马上签完这份保单""您应该现在就决定"等。

知识博览

1. 李先生，这份计划书是我们共同最后敲定的，您看看这些保障够了没有？如果您很满意的话，请您在这里填写一下。（递上投保书和签字笔）

2. 人人拥有保险是一种趋势，更是对家庭、对自己负责的一种体现。相信您的先见之明会使您在事业、家庭和生活上更加安心、放心。您看您的交费方式是选择一次性交清还是一年一年地交呢？

3. 胡姐，不知道我们刚才讨论的家庭保障计划您怎么看？这份计划书是非常有针对性的，是我专门为您家庭设计的。如果您觉得很合适的话，请您如实填写这份资料，后面的工作由我来做。

4. 刘太太，您看你们全家已经有了15万元的保障，不知道您觉得这些保障可以吗？另外，您真的很幸运，我们公司从今天开始到下个月的今天有一项活动，在此期间成为我们的客户会得到公司送的一份精美礼物。

5. 您看，这辈子您已经很辛苦了，如果您的孩子再重复您的生活，我想这是您不愿看到的吧？重视这份计划，从长远的眼光看问题，把您孩子未来的教育、创业、婚嫁作一个最基本的筹备，同时这份计划也在为你做一个补充养老，这么好的计划你应该能接受吧？

6. 刚才，避税计划我已详细跟您谈了，凡事要早做准备，您辛辛苦苦闯出的这番成就，难道就不想通过一种合法稳妥的方法来避税吗？在我看来，您签下这份合同，比您现在做一笔大生意可重要得多。

7. 请问您的出生日期是什么时候？

8. 请问您的住址是……

9. 您喜欢一年交一次保费或一个月交一次？直接从您的银行账户转账会不会比较方便？

10. 您打算55岁退休还是60岁退休？

11. 您的朋友××已经投保了，以您的实力，相信应该没有问题吧？更何况您也是家庭责任感很强的人！

12. 客户先生，我看您是个很现代的人，应该可以接受新的观念吧！

13. 其实我们每个人都不知道自己的明天会怎样，许多被诊断为癌症晚期的患者都不敢相信，如果有一天……昨天还活生生的人，今天忽然离我们而去了，他的孩子、妻子，谁去照顾呢？

14. ××先生，您的这份保障计划在交费期内有充足的身故保障金。期满后又有一笔养老祝寿金……

15. 根据您的保障额度，现在投保可以免体检……

16. 您这个月投保少算一岁，可以省1000多元……

17. 以后再投保只会增加您的保费负担，而且年纪大了总不如年轻时候硬朗，那时候可能会丧失投保的资格。

18. 我们每个人都不知道再过几个月会有什么事发生，趁现在身体健康时赶快投保才是最明智的抉择。

四、终局销售谈判的一些要点

（一）不要太快同意条件

不管客户最后与您达成什么样的协议，千万不要使最后的敲定太快。这样会使客户有两个念头：（1）有可能可以有更好的结果。（2）其中一定有问题。

为什么呢？我们销售谈判的目的，不仅是为了使自己可以在销售中获得最大利益，更重要的是，安顿客户的心理层面，使他永远相信，自己在这场谈判的战争中，确实占到了便宜。这样的谈判者，才是最佳的谈判者。好的谈判者和坏的谈判者，也许在促成一个计划的结果上，是完全一样的。他们的差别在于前者使客户觉得自己赢了；相反地，后者使客户觉得自己输了。

（二）成交后的进一步销售

举一个例子来说，如果您已经成功地和客户促成一张保单，随后又企图卖客户一个附加险。客户的反应可能是：我已经买了保单，营销人员也必然从中获利；可是买这个附加险还得花钱，而营销人员因为可以获取更大利益，自然乐于促成。

换一个角度说，您可以卖个关子："您想看一看我们这个险种的附加险吗？我并不是向每个人都推销这种附加险的。但以您的情形来看，我认为这个附加险很重要。您想一想，您只要再稍微付一些钱，可以使您已付保费的部分有更多的保障，何乐而不为？"这样一来，客户会拒绝的可能性便降低许多了。

> **故事分享**
>
> 在一次营销人员遭遇客户的拒绝之后，问道："您的心情我非常理解，不知我在哪个环节上还没有给您讲清楚？"
>
> （探寻原因）
>
> 答："我觉得这个计划对我没有什么用。"

问："我了解您的感受，那您认为什么计划更适合您呢?"（再次了解需求）

答："这个必须身故才赔，我想退休时候能多拿点钱。"

问："那我给您重新设计一份养老保险计划书，过两天给您送过来，您看怎样?"

（获得机会）

答："那好吧，来之前给我打个电话。"

问："您觉得退休时候应当领多少钱呢?"（收集资料）

答："那当然是越多越好了。"

问："其实大家都希望这样，以您目前给我的预算，您60岁时每年可以领取6000元人民币直至终身，您觉得少不少?"（投石问路）

答："是少了点，可我现在就能负担这么多。"

问："那您的意思是说，先保这些，以后等经济情况好的时候再加保，是吗?"

（确认想法）

答："那也不是。到时万一领不到几年我就不在了，那交了这么多年的本钱都拿不回来，岂不是亏了吗?"

问："您的想法我明白，这个问题大可不必担心，您可以选择60岁一次性领取的方式，这样您就不会觉得亏了。"

答："噢，这种方式还可以。"

问："我可不可以请教您几个问题?"（话锋一转，暗藏玄机）

答："你问吧。"

问："您觉得我和您分析的有道理吗?"

答："行，挺有道理。"

问："您觉得这份计划对您是不是很重要?"

答："是比较重要。"

问："那么今后由我为您服务您不介意吧?"

答："当然。"

问："那么请您在这儿签个字。"

答："现在就签？"

问："您签了字，这份计划会在今天午夜零点准时生效，我觉得这对您很重要，您说是吗？"

答："是这样，好吧！"

上边这个情景问话很有意思，营销人员在整个对话中没有什么阐述性话语，但通过探询性的问句了解了准客户的真实想法，并让客户作出正面的回馈，进而完成了第二次方案建议并实现促成，反应可谓机敏。

（三）不要让对方觉得销售太容易

有时客户会要求您做一些变更，或改变付款办法等。也许这些事对您而言并不困难，但是，您必须让客户觉得这并不是一件容易的事。您可以告诉客户"哦！我不确定是不是可以这样做，不过我可以替您查查看。可是，您是不是可以提前开出支票？"这样一来，不但使客户觉得他带来一些麻烦，所以要相对地对你提供一些方便，也使得你也因此得到了一些好处，并且在客户心中提升了整个交易的价值感。

因为终局谈判后面往往紧跟着交易达成，所以很多营销人员特别在意促成环节。实际上交易能否达成更重要的部分在前期的准备和沟通过程。很多时候，我们没做成交易，是因为没有真正解决客户的疑虑。对每个问题进行分析，从中发现机遇。与客户签订保险协议，并非交易的终结，而只是服务的刚刚开始而已。

五、团险销售的终局谈判策略

团险销售进行到终局谈判，意味着到达了白热化的讨价还价阶段。前期付出的所有努力是否能得到回报？如何争取利润、达成交易？如何来个漂亮的收场？都是销售谈判终局中最为关注的问题。

（一）让步的类型

在一轮又一轮的价格谈判中，当心不要把作出的让步固定为某一种模式。比如，在一场团险销售谈判中，我们的底线是八折可以成交，也就是让步空间为 20% ，如何让步就很关键。应该避免四种常犯的错误：

错误一：平均幅度。这是指把 20% 分四次作出平均幅度的让步。

5% ，5% ，5% ，5%

换位思考，买主会怎么想。他并不知道我们能让多少，他们所知道的就是每退一次就得到 5% 的优惠，于是他不断退。实际上，任何两次相同的让步都是错误的。被迫又让出 5% 时候，难道不是等于在告诉别人下一次让步也是 5% 吗？

错误二：最后作个大让步。即先作出 12% 的让步，紧接着是 8% 。两次全部让光了。

12% ，8% ，0 ，0

然后我们告诉对方："我们已经作出了最大让步了。"尽管事实如此，但这样让步的策略会让对方误会还有让步的空间，导致对方进一步要求降价。第一步是 12% ，第二步是 8% ，那么接下来应该是 5% 或 4% ，怎么就一点都不降了呢？此时买主一定很沮丧，他在想："你 8% 都让了，现在就 2% 都不行！你怎么这么不好说话？"所以，不要最后作出一个大的让步，因为那会产生敌意。

错误三：一下子都让出去。另外一种让步的类型是一下子把 20% 的谈判幅度都让出去。

20% ，0 ，0 ，0

买主到底怎么能让我们一下子把整个谈判幅度都让出去呢？之前我们讨论过竞标过程中的低开策略就是如此，因为一锤定音，我们根本就没有谈判空间。这是特殊情形，所以如此做法无可厚非。

但是很多其他情形，我们也许就会中圈套。比如，他们打电话来询价："你是我们正在考虑的三家保险公司之一。当然以公司品牌和实力，你们排在前头，但是我们认为最公平的方法是请你们三家最后给一个价。"除非我们训练有素，不然就会惊慌失措，一下子把价格降到底，尽管他们没有给出任何保证说明不会再来一轮竞争。

买主惯用的另外一种方法是使用"我们不喜欢谈判"的伎俩。买主满脸真诚地说："我们喜欢坦诚，不喜欢讨价还价。而我也是个很豪爽的人，喜欢直来直去。所以，你给我们一个最低价，看我们能不能接受。因为我们不喜欢谈判。"买主在撒谎！他喜欢谈判！这就是谈判——看看他能不能在谈判开始之前就让我们作出最大的让步。

错误四：首先作出小小的让步试试深浅。我们都倾向于先让出一点小利，看看情况。所以，有可能我们首先告诉买主："我也许可以降5%，但那是我们的极限了。"如果他们拒绝，我们觉得自己想得太简单了，于是又降7%之后仍然没有得到订单，谈判幅度中还剩8%，所以全让给了他们。

0，5%，7%，8%

我们开始让了一小步，然后累积让了一大步，这么做永远都无法成交，因为每次他们要求我们作出让步的时候，他们得到的越来越多。

这些做法都是错误的，因为它们在买主心里形成一种期待的定式。让步的最好方法是首先作出一个合理的让步——让步的幅度递减。这里推荐两种让步方法：

方法一：切腊肠。腊肠是从靠近中间的地方开始下刀，后面每下一刀越切越小。它可以抓住这笔买卖。也许10%的让步并不过分。这是谈判幅度的一半。然后要确保再作出让步的时候越来越小。下一次让步可能是5%，然后3%，最后2%。

10%，5%，3%，2%

减少让步的幅度可以让买主确信我们的让步已经达到底线了，不必告诉他们不可能再多要了，让步越来越小就已经暗示他们不可能再多要了。

方法二：甩尾法。同样是递减让步，每一次让步都会比前一次幅度小，但最后一次却有个明显的大让步——扬起尾巴。一开始让步10%，接下来守住不放，下一步3%，然后2%，这里可以再忍一忍，最后一个5%。

10%，3%，2%，5%

最后一次让步就是一个"甩尾"，它虽然比前面两次高，却比第一次低，这样的让步告诉对方："已经全部让给你了，不可能更多了。"

切记要点：

让步的方式可能在买主心里形成一种期待的定式。

不要作均等的让步，因为买主的要求可能无休无止。

不要作最后一个大的让步，因为它产生敌意。

不要因为买主要求给出最后的实价或者声称他不喜欢谈判，就一下子让到谈判底线。

逐渐缩小让步幅度，暗示让步已经竭尽全力。

（二）蚕食策略

所谓蚕食策略，就是在对方作出了一些重大决策（比如，刚下了购买决策）后，乘胜追击提出额外的要求。用中国的一句老话概括就是得寸进尺。这是谈判后期一个重要的策略，因为它完成了两件事情：第一，使得已经同买主达成的交易锦上添花；第二，可以用它使买主同意他先前不愿同意的事情。

商场中的女装或化妆品销售人员十分懂得这一点，她们知道如果向客户提的要求太多，客户就产生了一种抵触情绪。她们知道首先要让客户有这样的想法："是的，我要买，我要在这儿买。"她们在客户决定埋单的时候，会拿出更多的东西来要求客户试一试，以便销售出更多。而绝大多数情况客户都不会拒绝，并且会买得更多。

要弄清蚕食策略为什么起作用，可以参考几位心理学家在加拿大赛场上做过的一个研究。他们研究人们在下赌注前那一刻的态度，还有下完赌注之后那一刻的态度。他们发现在下赌注之前，人们对自己要做的事情毫无把握而且十分焦虑。在赛场上，他们发现，一旦人们作出了决定，下完了赌注，他们突然对自己所做的事情充满信心，通常想在比赛开始之前再加一倍的赌注。从本质上讲，一旦作了决定他们就兴奋不已。在作决定之前，人们会抗拒它；一旦作出了决定，人们就支持它。

在拉斯维加斯或者大西洋赌城的轮盘赌。桌主旋转赌盘。就在最后一刻，人们又纷纷追加赌注，心里总是进一步肯定他们已经作出的决定。

所以，谈判高手的一个原则就是不必一下子要求所有的东西。你在谈判中先让对方同意，然后再回过头来追加要求。

可以把谈判过程看成是奋力向山顶上滚一个很大的橡胶球，山顶就是在谈判中的第一次认可。一旦到达这一点，球会轻而易举滚到山下。这是因为人们在作出最初的决定之后感觉好起来了。减轻了压力，他们感觉轻松了许多。他们的意识进一步肯定了他们刚刚作出的决定，对之前可能提出的任何要求他们都更容易接受。所以，我们经常要进行第二次努力。

比如，在团险销售中，我们正在为某家企业做员工综合福利计划。之前我们提出过将"重大疾病"或者"意外伤害、医疗"纳入福利计划之中，被对方以"没必要"或"超出预算"为由拒绝过。那么在客户下了购买决策后，我们可以鼓起勇气再试探一次："我们能不能再商量一下关于员工重大疾病和意外伤害医疗保障的问题？因为缺乏这些内容始终觉得此福利计划不够完善。以你们现在的投保规模和定制好的条款，捆绑上这些计划费用更划算，还可以享受折扣。如果另行购买的话需要花更多的钱。"很有可能我们能听到这样的回答："好吧，我们就谈谈吧。"

既然我们已经掌握了蚕食这个不错的技巧，谈判开始以后考虑下面几点问题：

（1）在达成最初协议之后我们有没有可以一点点吃进的东西？

（2）我们有没有打算就第一轮谈判中对方没有同意的内容进行第二次努力？

（3）我们有没有准备在谈判的最后关头他们对我们使用蚕食政策？毕竟销售谈判的策略双方都在使用。

对策：当心对方对我们使用蚕食策略！因为谈判中总有某个时刻我们觉得自己非常脆弱。

之所以有最脆弱的时候，主要有两个原因：

（1）刚做成了生意，自我感觉不错。而这个时候容易被对方趁虚而入，容易把原来不愿给予别人的东西给予了别人。

（2）已经努力到了这个时候，眼看生意要告吹了，为了让自己的付出有所回报，但不想冒险重新把生意谈一遍，还是最好答应对方的要求，让些步吧。

所以，买主作出决定以后就是我们最为脆弱的时候。此时要当心被对方蚕食。

为了避免买主对我们使用蚕食策略：

（1）要明确写出任何外加的让步需要他们付出的代价。列出你认为可行的附加条款，但要指明他们付出的代价。列出投保规模、保险服务条款、附加补充责任以及他们可能蚕食的任何情况。

（2）不要给自己作出让步的权力。用请示上级领导策略和黑脸／白脸策略将问题回避。

切记要点：

运用精心设计的蚕食策略，在谈判结束的时候或许可以得到客户先前不愿意接受的东西。

蚕食策略之所以有用，是因为买主一旦作出决定，他的心情会彻底改变。谈判开始的时候他的心里可能就是否买你的产品进行着激烈的斗争；但一旦决定购买，你就可以蚕食更大的订单，或更好的产品和服务。

愿意做进一步努力是区别优秀的营销人员和一般的营销人员的标准。

写明任何额外的特征、服务或项目的费用，防止买主对我们进行蚕食，不要给自己妥协的权力，用策略回避掉。

为了避免谈判后的蚕食，书面说明一切细节，并运用能使他们感觉自己赢了的策略。

（三）价格并非总是最重要

尽管在销售谈判中，尤其是终局谈判中，双方比之前更为重视价格，但是，不要认为价格是对方心目中最为关键的因素，不要被价格的问题烦恼。

案例：脱颖而出

在一场竞标中，几家保险公司已经投了标书，经过筛选，符合条件的公司派了代表来参加某企业的"讲标会"。在所有的公司都轮流演示完自家公司的方案设计和价格后,其中一家保险公司中标了。

来参加的公司代表都是行业资深人士,各家的方案和价格应该都差不太多,中标的公司难道靠的是运气吗?企业当场宣布了竞标结果,解开了疑团。

原来,这家企业正在做的是"中高层员工福利保障计划",这些人平时出差的机会比较多,天南地北的飞机、火车、轮船四处跑。只有那家中标的公司抓住了这一点,在方案中加入了"交通意外保险",这个险种价格极为便宜但实用性非常强,十分切入客户的需求。凭借独特的方案设计,这家保险公司成功地脱颖而出。

故事分享

为什么报最高价格却赢得了谈判

约旦是一个沙漠国家,资源相对短缺。为了缓解供电压力,2008年,约旦决定建造首个国家核电站,并向全球20多个国家和公司发出了招标倡议书。

几个月后,约旦国家核电站组建委员会收到了30多份投标计划书。约旦方面经过仔细审查、比较与分析,最后选定了5家公司,分别是一家美国公司、一家中国公司、一家比利时公司和两家日本公司。

这5家公司,工程设计大同小异,报价也十分接近,都在35亿美元左右。看来,无论哪家公司想要脱颖而出,都不是件容易的事。

为了增加胜算,各家公司纷纷推出新的举措。

首先作出反应的是美国公司,它聘请了两位诺贝尔物理学奖获得者担任工程总顾问;两家日本公司握手言和,合两家之长共同拟定了一份新的投标计划书,以一个集团的名义参加招标;中国公司也不甘人后,向约旦派出了一个大型"公关"团,团长、副团长是约旦原子能委员会主席图坎在国外留学时的同班同学。

只有比利时公司不动声色，他们只与约旦原子能委员会进行了几次例行谈判。据说谈判中，比利时公司把报价又提高了五六千万美元。中国、美国和日本公司知道后，都觉得不可思议：还提价？除非不想做这笔生意了！

两个月后，中国公司首先被淘汰出局。约旦原子能委员会主席图坎抱歉地对他的两位团长同学说："这两个月来，别的公司都在为工程合作问题不断作出努力，只有你们，除了给我们送礼请客吃饭，什么实质性的工作都没做。"

接着被淘汰的是美国公司。约旦方面称，核电站建设已经不是尖端技术，诺贝尔物理学奖获得者又能起多大作用？他们不要华而不实的东西。

日本公司踌躇满志，他们认为自己胜券在握，开始筹划举办庆功酒会了。

然而，最后中标的企业居然是比利时公司。2009 年 9 月 12 日，约旦正式与比利时公司签约。更让日本公司大跌眼镜的是，比利时公司的总报价居然高达 35.5 亿美元，比日本公司的报价高了六七千万美元。

人们大惑不解：报价比日本公司多出六七千万美元，比利时公司凭什么会招标成功呢？

比利时公司是这样参与竞标的：核电站将会建在沙漠里，不会占用约旦本已有限的土地资源。在建造核电站的同时，我们会移植大批高大的金松与红杉，建一条通往亚客巴的绿色长廊，栽种一批耐旱而名贵的花草。另外，我们还会免费从比利时运十船左右的湖底淤泥到约旦，用做植物生长的基肥。建成后的核电站将是一座姹紫嫣红、鸟语花香的花园。这多出的六七千万美元主要用于此。

原来，约旦是一个沙漠国家，4/5 的国土是沙漠。因为，约旦人对绿化和环境有着异常强烈的愿望。比利时公司的成功，来源于他们对约旦国情的把握，对人性的洞悉。

约旦人是这样说的：他们考虑得如此周详，我们有理由相信他们能做得更好！

看来，在越来越激烈的商业竞争中，技术与管理是重要的，但更重要的是对人性的洞悉，是站在客户的立场去思考问题。

不要掉入陷阱，认为我们卖的只是商品。这只是买主在我们身上运用的策略。我们不必以低于竞争对手的价格来卖掉产品。有很多东西，例如，公司实力和信誉、产品或服务的质量、客户与你或与你的公司建立的合作关系等，这些都比价格来得重要。

（四）重视服务，建立互信的关系

无论是维系老客户，还是开发新客户，毫无疑问建立互信的关系是极其重要的。以深圳团险销售为例，每年的团险续期率不到40%。究其原因，就是因为人员流失率比较大，新人的加入会带来新的业务，流失的老业务员也会带走旧有的业务。因此一个企业很可能每年都在更换为他服务的保险公司。另外，对于关系不错的大企业，即使是没有做成生意，也会保证至少每年联系一次对方的人力资源部门，定期跟踪。

故事分享

"团险攻坚"经验分享：服务无小事

小李（全国"保险之星"；2004年获某保险公司团险"最大贡献奖、最佳经理奖"，团险销售冠军；2005年某保险公司团险销售精英俱乐部副主席，团险销售第二名；2006年保险公司劳动模范，团险销售精英俱乐部副主席）：

服务无小事

我一直信奉"服务无小事"的理念，经过几年的业务拓展，在我周围形成了一定的客户群。如何维护老客户，提高老客户的满意度，将客户流失率降到最低，是我们必须重视的问题。我根据不同的客户群，以"真诚服务，稳健发展"为根本，制订出不同的服务计划。

一是做好客户群的细分工作。将客户按业务量的大小分成大、中、小客户群，对不同客户群制订不同的营销策略。抓住工作重点，服务有的放矢。

二是建立回访制度。对一般客户，除签单、日常的理赔进行沟通外，保证一年一次信函问候、一次至两次的回访。对重要客户，年初制订一套具体的回访及销售计划，订出工作时间表。有计划、分步骤地进行客户的拜访、跟进工作，提高工作效率。

三是情系客户加强公关。为了维护老客户，发展新客户，我十分重视做好业务公关工作，通过真诚的服务，提高客户的满意度。1997年，有一位客户约有30名员工，当时只购买了每人5元钱的团身险，是一位小客户。我对该客户进行了深入分析，得出的结论是这位客户有能力为员工购买养老金。在以后的拜访和沟通中，我加强了业务公关，主动收集一些相关资料，不断向客户讲解福利的新概念：建立养老金制度可以稳定员工队伍、开发人力资源、规范财务管理。通过真诚的服务，客户很受感动。1998年该客户签下了第一份养老金保单，交纳保费70万元，1999年交纳保费270万元，2000年起上升为400万元，成了我常年服务的一个大客户。

四是创造服务的差异化。公司提供的平台都是相同的，但是通过不同的服务手段，实现服务差异化，从而提高服务的质量。如理赔给付，公司一般需要7个工作日，但一般1000元以下的赔案，我都会做现场的理赔。首先致电公司客户服务中心理赔室，咨询一个基本准确的赔付额，然后自己把赔款先垫付给客户；待理赔给付后，我将理赔单证送还给客户签收，自觉地为客户创造一个快速理赔的效应，有着自己鲜明的服务特色。近几年来，我的客户维护率一直保持在80%以上。

小彭（2005年获得某保险公司优秀客户经理奖；2006年获年度"CARE之星"称号，团险优秀客户经理奖，创下公司连续四个月团险直销月冠军纪录；2006年获得总公司唯一的"团险之星"称号，2007年获得总公司高峰会唯一的"卓越会员"称号，第一季度获金猪贺岁奖）。

创新服务保"新""鲜"

情系客户，创新服务是我吸引和提高客户忠诚度的法宝，要站在客户的立场上处理问题，多替客户着想，在为客户服务的同时也会给我们带来更多的机会。

2009 年在为一家外资企业客户沟通方案的时候，我发现他们原来的方案上意外医疗与补充门急诊和补充住院医疗有重复，便请他拿出以前的方案来研究了一下，果然，相当于公司多付了一部分保费而得到的保险责任是重复的，于是我建议他们取消意外医疗这个险种，或者换成住院津贴，这样可以让企业员工最大限度地得到更好、更实用的保障，也为公司省下一笔不必要的开支。客户比较认同我的保险方案，与我公司成功签约。

2009 年 9 月的一天，在去都江堰的一家知名外资企业（很难约到的一家客户）的途中，我接到一个电话："小彭，你快过来，我不舒服，难受得很……"我听出来了，这是张姐，她先生在成都的某家企业（我的客户单位）工作，张姐是附属的被保险人，我立即掉头赶往她家，在途中我赶紧拨打 120 急救电话，当我到她家时，救护车也到了小区门口……后来医生说是急性过敏，如果再晚些时间抢救的话，有可能呼吸受阻，窒息而死。正在我庆幸救人一命的时候，我才反应过来，原本跟客户约好面谈保险方案的事宜，我马上打电话给客户方的负责人，解释我为什么没有准时到公司拜访，这位负责人很赞赏我的做法，并从我的其他外企客户相关负责人处打听到我的满意服务后，于两个月后顺利地和我们公司签约。

我平时喜欢以短信的方式与朋友交流，2006 年我开始以短信通知的方式为客户提供创新服务。为了让每一位申请理赔的员工及时、准确地了解到自己的理赔结果，我开始以我特有的方式发短信，通知理赔情况。

记得第一位享受到短信通知服务的是一家外企的一位员工，我的信息发出去不到两分钟，居然收到了他的回复："你们以短信方式如此及时地让我们如此清楚地知道自己申请理赔的详细情况，谢谢你小彭！"以前客户都是一个月后才会看到一份理赔通知书，或是自己到相关部门查询申请理赔的结果，这样一来时间上会有延迟，二来也增加了相关部门的工作量，关键还耽误客户的时间，要自己去查询。我知道我的这条短信已经让客户真切地感受到了我们公司个性化的贴心服务。这一服务方式已在公司内部推广开来，成为我们保险公司维系客户关系的特色服务之一。

有的营销人员可能不会注意到，我们在为客户提供了他们意想不到的服务之后，哪怕是一点点小事，他们对我们的满意度会大大提高。我在收取理赔件的时候为客户准备一些零食，让大家有一个轻松的交流环境。在对拒赔件的处理上，我更是十分小心。在退回理赔资料的时候，除了客户提供的理赔原件及公司出具专业的"拒赔通知书"之外，我还专门准备了精致的小礼品，安慰被拒赔的客户。

资料来源：《中国保险报》，转引自 http：//www. 3210. com. cn/good-snr. jsp？id＝27358。

事实上，团险客户中，高续期率的那些企业正是那些经常维护的大客户，他们从来没有流失掉。凭借优质的产品和令人满意的服务，本身就能得到客户的信任，赢得好的信誉和口碑，让团险业务持续发展下去。

🐷 知识回顾

◆ "凡事预则立，不预则废"。在整个销售谈判的流程中，最基础又重要的一个环节就是事前的准备。准备阶段中信息收集的内容包括：营销人员的自我准备，对客户有关信息作收集准备，其他的准备措施。

◆ 所谓开局谈判，指的是在正式进入销售谈判前的预热阶段，这个阶段需要考虑：第一，如何打开话题，如何把话题引入我们所想要的轨道上来。第二，让客户愿意接受我们的引导和提问，并提供更进一步的资料和回答，以便于我们找到客户的重要需求点。

◆ 隐藏信息是关于客户内心真实想法的信息，这些信息往往能揭示客户较大的隐藏需求。客户的需求点往往就是营销人员进行销售谈判的关键筹码，如果能够找准客户的隐藏需求，并让客户意识到这些需求的影响，那么在后续的谈判中就能游刃有余。

◆ 开局谈判要注重的地方：避免对抗性谈判与取得对方的认同，分辨和消除客户的防范心理，让谈判能顺利地进行下去。

◆ 在销售谈判的中场阶段，我们非常清楚，必须要挖掘客户的真实需求作为我们谈判最终成交的关键筹码。

◆ 中场谈判可以用到的开价策略分别是：高开、低开和平开。

◆ 你对客户所作的任何让步都会很快失去价值。

◆ 在使用分割策略时，应该找到客户心理可以接受的合适价位；否则，即使对价格进行分割，客户还是无法接受，那么这样的销售谈判很可能就无法顺利进行下去。

◆ 中场谈判中，客户产生敌对情绪时，最不明智的做法就是与客户当面争吵。当面争吵会加剧对方的敌对情绪，我们应该尽量避免，养成一种先表示同意然后扭转形势的习惯。

◆ 谈判说话有一个根本原则就是：涉及客户利益的问题，我们应该实话实说，并且应该早说。越早说出来，越早排除谈判的障碍。这种策略就是正面应对客户的问题。

◆ 在销售谈判中，价格的谈判无疑是重要的，表面上双方都围绕着价格在谈判，实际上这只是表象。价格不是唯一重要因素，也不是最重要的因素。真正的谈判是围绕着与价格紧密挂钩的一系列筹码在互相交涉：投保规模、员工福利、风险转嫁、条款细则、服务品质、公司资质等。

◆ 对于客户来说，购买保险的决策事实上是一种对生活习惯作出重大改变的决策。

◆ 买家的害怕心理有且只有一种矫正方法：再次保证。

◆ 小问题策略有时候又被叫做"二择一法"，即给客户一个次要（绝对不是主要）的选择。因为对于大问题的决策，人们会感到担忧，而小问题就轻松得多。

◆ 有些时候，对于客户的异议，不用直接给予回应，可以用沉默策略。

◆ 交易的促成不是随时随地发生的，它需要你的努力和判断。时机往往稍纵即逝，需要我们去把握。

学以致用

小王深知"开局谈判"的重要性。如果今天的事件处理不好，以后将一直处于被动局面。

这时，小王也做了件出乎意料的事情。他拿起桌面上林老板的名片盒，抽出一张，看也不看，直接撕掉了。

一句话没有。

林老板怒视着小王！

小王仍旧掏出自己的名片，礼貌地递给林老板。

林老板愤怒地撕毁名片。小王再次拿起林老板的名片，撕掉，再递上自己的。

林老板这次没有再撕毁名片，只是生气地看着小王。

小王也拿了一张林老板的名片。点头说了句："谢谢"。

然后转身离开了。

三日后，小王带着新印刷出来的林老板的两盒名片，来到林老板办公室。

"林老板，真对不起。上次是我不对，这是新印刷的一模一样的名片。实在抱歉，请原谅。"不等林老板答话，小王已经礼貌地转身走出了办公室。

一周后，小王接到林老板的电话："你是做保险的王先生吗？我想做份保险，来我办公室聊聊吧。"

第四章 化解谈判压力的方法和策略

□ 销售谈判的压力点和应对策略

□ 销售谈判中的心态调整

□ 营造销售谈判的驱动力

关键术语

谈判筹码　暂置策略　转移问题策略　压力前置　压力后置

知识要求

◆ 掌握销售谈判的压力点和应对策略
◆ 理解销售谈判中的心态调整
◆ 了解营造销售谈判的驱动力

技能要求

◆ 认清销售谈判中的压力点
◆ 熟练运用技巧化解谈判压力点

　　通过销售谈判流程的学习和实践，小王在销售谈判中不断地进行总结和积淀，成为一名销售谈判高手。

　　小王也毫不吝啬地将自己的所得和感悟分享给每一位同事：

　　"其实，在销售谈判的过程中，我们会面对很多的挫折和困境，也会有很多的困惑，但是，当我学会销售谈判的流程和技巧之后，慢慢地开始轻松应对。"

　　"我发现在谈判的过程当中我们会遇到很多的压力，也都需要相应的处理方法，同时，我们也需要不断地进行心态调整，以适应瞬息万变的客户心理……"

　　那么，如何才能良好地应对销售谈判中的压力呢？如何才能更好地调整自己的心态呢？本章将会给予解答。

第一节　销售谈判的压力点和应对策略

由于保险销售谈判的特殊性，使得我们经常在谈判之初或是谈判过程当中处于劣势地位，那是因为我们手中可以拿到的关键性的谈判筹码不多，而且多数的重要筹码是需要我们争取和营造的。谈判的四要素分别为：信息、时间、力量和关系。而所有的压力也来自这四个方面。

就整体保险销售谈判流程而言，销售谈判前的准备阶段是收集信息、分析和评估客户需求点，为整个销售谈判制定战略方向的阶段。这里最大的压力是"信息压力"，即如何尽可能多地收集到有效信息是最关键的问题。

销售谈判的开局阶段是为了将对方成功拉入谈判桌、引导需求获取筹码的阶段。销售通常都是从"拒绝"开始的，"关系压力"在这里凸显——如何与客户建立信任关系，如何应对客户的拒绝，然后进入谈判是首先必须要解决的。

销售谈判中局阶段是深度开发客户隐藏需求，打破僵局，取得客户信任和认同的时期。经过跟客户来回磋商，时间和力量的较量在这里最为激烈。而销售终局谈判最重要的是帮助客户作出购买决策，签订协议，获得利润并进入后续服务的过程。

营销人员在每个环节都会遭遇到来自客户的、竞争对手的、客观上的时间以及主观上的心态等各方面的压力，只有将其全部克服，才能在销售谈判的各个环节中步步为营，最终取得理想的谈判结果。

化解谈判压力的方法

（一）知彼解己

在销售谈判过程当中，我们不但需要了解对手，也需要对手了解我们；我们不但要知道对方想要什么，也要让对方知道我们可以提供给他什么解决方案。

正所谓"知彼知己，百战不殆"，在销售谈判过程中，知彼又显得尤为重要。一方对另一方了解得越多，就越容易在谈判中占据优势和主动。

信息之所以会成为一个难题，其中一方面原因就是营销人员常常自我欺骗。甚至是那些经验丰富的营销伙伴也经常打着对自己充满自信或时间紧迫的幌子，不认真仔细地做准备，因为他们还没有体会到进行充分准备所额外耗费的时间和努力的价值。另一些人则干脆视为一项费力不讨好的苦差事。

另一方面意识到收集信息重要性的伙伴，同样也会感受到收集重要信息的难度和压力。

信息的收集一般包括：客户的资料、竞争对手的资料，还有就是与谈判过程相关人员的资料。这几项资料的收集各有各的难点，有些是需要侧面了解的，有些是必须正面获取的。比如说，在销售谈判之前我们最好可以了解目前客户已经购买了哪些产品或服务？这些产品或服务实际上为他解决了哪些问题？有没有还没解决的问题？如果他使用了其他公司的产品，我们就必须对竞争对手做一个充分的了解。例如，对手的产品特点和价位是多少？客户过去接受了竞争对手的哪些产品和服务？目前的满意度怎么样？客户与竞争对手的关系达到了什么程度等。同时，我们更应该清楚客户最近有没有什么新的购买计划和需求？有没有什么新的问题需要解决？解决问题的时间期限和预算是多少？同时，我们还要知道，谁是销售谈判过程中的决策者及影响者，以及他们的相关个人信息，包括他们的家庭情况、喜好、行程，以及家庭成员彼此之间的关系等。

提到这些需要收集的信息，的确很多是比较有难度的。比如说，听出客户的弦外之音，把握谈判筹码；了解客户对于竞争对手的真实满意度（有些时候，客户碍于情面，不会轻易透露他对当前的服务是否满意，也可能是客户暂时还没有接受和信任你）；掌握客户与各竞争对手之间的关系；挖掘客户还没有认识到的潜在需求（需要在谈判过程中引导）；找出由谁作出最终购买决策，谁对决策产生重大影响等。在前期，如果能够尽可能多地收集到这些信息，销售谈判过程就会获取更多的主动权。

故事分享

营销人员："张老板，恭喜您！您的宝贝女儿马上就要步入婚姻殿堂了。"

张老板："女大不中留啊！我就这一个宝贝女儿，现在她要出嫁了，我想给她买份投资理财型保险做结婚礼物！"

营销人员："张老板，您一定希望这份保险对您女儿未来的生活起到一个锦上添花的作用，是吗？"

张老板："我希望这份保险在未来无论如何都是我女儿自己受益！"

营销人员："既然是这样，张老板，您也可以通过趸交的方式在您女儿结婚之前让这份保险生效……"

在经过深入交谈后，营销人员知道张老板的真正需求——保险的资产保全功能。希望为女儿留笔钱，哪怕是以后女儿离婚了，这笔钱也不能有任何损失。

对于张老板来说，钱不是问题，保什么险种也不是很重要，关键是要让这份保险作为她女儿的婚前财产。也只有这样，才能确保将来无论怎样都是她女儿自己受益。而营销人员凭借着高度专业性，知道婚前的趸交保险可以满足客户的需求。为了确保万无一失，他们还专门去请教了相关律师，最终圆满地达成了交易。

故事分享中的小案例，只是起到抛砖引玉的作用，让我们充分认识到销售谈判过程中的信息收集的重要作用。同时，我们已经发现，很多的难点不能通过谈判前期的准备来获得，必须要在销售谈判的过程中获取。因此，在任何谈判过程或是交谈中，都要敏锐地捕捉各式各样的信息，以便于营造更多有利于我们的谈判筹码。

当然，在销售谈判的过程中，让客户了解我们也是非常重要的。这似乎与传统谈判中尽量隐藏己方重要信息的思维相左。这是因为鉴于保险销售谈判的特殊性，我们有责任、更有必要向客户传达我方的信息，包括我们的公司、我们的产品、我们的荣誉，我们的诚信，还有最重要的一点，就是我们将如何有效地解决客户的问题，这些也都是客户选择与我们成交的重要因素。

因此，在销售谈判中，我们不但要收集大量的信息为谈判过程做准备，同样，也要在谈判过程中有效地表达己方信息，达到知彼解己的目的。

（二） 包装提升价值

让我们先了解一下日本人怎么包装哈密瓜。在日本，哈密瓜是一种高档水果，通常放在一个长方形的木盒子里，和洋酒放在一块作为礼品出售。较贵的哈密瓜一个要四五万日元，大约相当于 3000 元人民币。据说，在哈密瓜的包装盒上面还会注明这个哈密瓜什么时间食用最甜等信息。因此，很多人在花了这么多钱买了一个哈密瓜之后，都乖乖地按照说明，一家人等待着食用时间的到来一起享用，品尝时自然就会感觉很是香甜。

哈密瓜在日本固然很稀缺，但是，这里仍然看到了包装的巨大作用。也许有些客户就是因为这个哈密瓜够档次才购买它作为礼品赠送。销售谈判也是一样，我们的压力不仅仅是在谈判桌上，有些时候也涉及能不能有机会和客户一起坐到谈判桌上进行谈判的问题。

这首先就涉及身份和地位不对等的情况。客户可能是富人，而我们的营销伙伴有些只是一般小康水平，这个时候，我们就必须想办法包装自己，制造出较为对等的态势，否则连谈的机会都没有。

比如说，当我们去见客户的时候，通常对于自己的服饰都要更讲究一些，谈吐要更得体。有些基本的情势是必须要靠包装制造出来的。再比如说，除了对自身的外表、言谈、举止等方面的包装，同时也应该注重对所要销售产品的包装，假如要销售的是可以年年领取生存金的分红保险，那么，这个生存金我们就可以根据客户的实际需要包装成与之需求相吻合的产品。如果客户关注孩子教育，那么这笔生存金就可以变成教育金或助学金或奖学金；如果客户注重的是身体健康，我们还可以将其包装成每年的医疗补贴等。

同样，在每次谈判快要结束的时候，都不要忘记把准备到另外一个客户那里签单或面谈的情况告诉客户。在每次客户打来电话约我们面谈的时候，不要忘记告诉他，我们的时间其实并不宽裕。这就是对自身服务价值的包装。

在此，要强调的一点是，包装不是夸大事实，它可以理解为是对客户的尊重，是更有效地让客户认识自己需求的方法，或者说是提升自身服务在客户心目中地位的方法。

故事分享

通过侧面了解，某营销人员掌握了某广告公司老板的一些基本情况，包括兴趣爱好、性格特征等方面的信息。

这位老板在事业上属于成功人士，并且素质较高，接触的人群都有一定的档次；平时爱钓鱼，性格豪爽，做事干净利落、讲求效率。

为了这次销售谈判的顺利进行，在成功约访之后，这位营销人员对整个谈判过程进行了预演，并且在很多方面都进行了精心的包装，以营造尽可能多的谈判筹码。

筹码1　身份的包装

该营销人员选择了一套颇有品味的西装，同时，还特别邀请了公司内勤作为他的助理一同前往。这位助理并未协同进入该老板的办公室，而是在谈判的过程中被引入。场景就是营销人员与客户谈判的过程，发现资料没有带齐，于是给助理打电话告知将资料带入办公室，之后很快离去，效果不言而喻。

筹码2　言谈举止的包装

由于这位老板的性格较为豪爽，说话声音也比较大，因此，我们这位营销人员为了与他"同频"，说话声音也一改往日的温和、平缓，变得较为爽朗、大气，使得这位老板有种找到"知音"的感觉。

筹码3　爱好包装

营销人员问起了客户的爱好，由于事前对专业知识的充分准备，与客户侃侃而谈，甚至还约好了一同钓鱼。

> 筹码4　价值包装
>
> 　　在此次谈判接近尾声的恰当时刻，营销人员突然说出结束语，告知客户，今天的交谈非常愉快，同时，也不耽误对方更多的时间，因为马上还要与助理一同到另一个地点与另外一位客户会见。最后，约好下次见面的时间地点，谈话结束。
>
> 　　在整个销售谈判过程中，虽然包含很多的环节和技巧，但在这个例子中，营销人员达到了时时处处进行包装造势的效果，为自己赢得了谈判筹码，也为未来谈判的顺利进行打下了良好的基础。

　　因此，包装可以给我们创造走向谈判桌的筹码，化解无判可谈的尴尬境地，同时，也可以起到推动谈判进程的重要作用。不过，我们必须懂得：短期靠包装，长期靠内涵。未来与客户的长期相处，客户更在乎的是我们能给他解决什么问题，能为他提供多少更中肯的建议和更周到的服务等。

（三）拉入谈判桌

　　也许我们都有一个共同的感受，保险产品的销售与其他行业的产品大有不同。首先，它是无形的，看不到，摸不着；其次，客户对它的需求并不是显性的，是需要营销人员去激发的。因此，相对于其他行业而言，保险销售谈判的局面甚至都需要自己去营造。

　　对于保险营销而言，我们不得不承认，这是一个买方市场，很少会有客户主动送上门来，商谈买什么保险、解决什么问题等。多数是我们主动去开拓客户，然后与客户进行销售谈判。在这里，问题出现了，既然是买方市场，既然多数客户并没有意识到自己是需要这个保险产品的，那么他为什么要坐下来和你谈呢？如果连坐下来沟通的机会都没有，那还有什么销售谈判可言？因此，这就成为每一个营销人员保险生涯中自始至终存在的一个压力和难点。

　　针对这样的压力，我们不得不想方设法将我们的客户首先拉到谈判桌前。首先需要的就是先让他放下防备和反感，坐下来和你谈，这是

故事分享

> 银保的客户经理遇到了来银行办理业务的准客户，于是要她推销保险产品。客户一听到是卖保险的，连声拒绝。
>
> 客户经理知道准客户一开始的戒备心强，有抵触情绪，于是话锋一转："您当然可以不买保险，但您却不能不了解它。"
>
> "购买"是要花钱的，"了解"却是免费的。这时客户的戒备心明显少了，在保险业迅猛发展的今天，有专业人士来讲解保险，又何乐而不为呢？
>
> 于是客户经理成功地把准客户带进了银行会客室开始了销售谈判。

非常关键的一步。也许我们有机会可以和客户坐在一起聊天喝茶，也许我们有机会在客户办理业务时或到他的办公地点与他会面交谈。只有坐下来进行交涉，才有机会让交易达成。

没有拒绝，就没有销售。拒绝是销售的开始，所有的销售谈判高手都对此感到兴奋。客户需要我们的帮助，帮助他了解保险，规避风险，未雨绸缪。把客户拉到谈判桌就是最为关键的第一步。

（四）暂置策略

在进行销售谈判的过程中，我们经常会遇到各种各样的僵局，导致谈判进程的停滞不前。

比如说，客户会提到，不要再和我提保险，否则连朋友都没得做了；我只想购买医疗保险，不需要什么主险；我没有时间去体检，要是体检的话我就不买了；你的这个分红险收益似乎没有银行存款高，没什么意思。这些问题的处理过程我们在营销当中一般称为拒绝处理。事实上，应对类似的一些问题，都可以用到一个谈判的策略，来打破销售谈判过程中的僵局，这个策略被称为暂置策略。

案例研读

迁回战术显功效

案例导读

我们的营销人员在一次销售谈判过程中，陷入了僵局，因为客户此时固执地说："我只想购买医疗保险，不需要其他的，要是不可以的话，我就不买了"。小王耐心地告诉客户，我们的住院医疗类的附加险必须要与主险组合购买等。但是客户并没有理解，只是一味想着要用少量的钱买到高额的医疗保障，尽管她并不缺钱。此刻，有着充足销售经验的小王也无计可施，不能够说服对方。为此，他特意请教了一位顶尖高手，学到了迁回战术的精髓。

营销人员："刘姐，通过上次的沟通，我发现您真的是很关注自己的健康，而且对医疗保险很感兴趣，那我想问您一下，如果仅是购买这个医疗保险，您觉得多少保额合适呢？"

（客户想了想，似乎也不是很清楚。）

营销人员："这样吧，我这里有一组资料可以供您参考，这是身患各种疾病所需医疗费用的清单，您可以了解一下。""这是目前身患各种疾病的几率，您也可以了解了解。"

（小王耐心地等客户看完，并且适当地进行了讲解。）

营销人员："刘姐，相信我们也都看到过身边的一些老人离开人世，不知道您有没有注意到，都是些什么原因呢？"

客户女士："应该多数都是生病吧。"

营销人员："嗯，的确是这样，多数都是在病痛中离开，也都承担了高额的医疗费用或者是大病的治疗费用！"

（营销人员停顿了几秒钟，看了看客户的反应。）

营销人员："我能够理解您认为一些常见的小病小灾可以通过简单的医疗保险来解决，但是，看完刚才的资料，相信您也会发现，当出现一些严重状况的时候，就不是一个简单的医疗费用保险可以解决的，您说对吗？

营销人员："您觉得如果出现大病的情况下需要多少医疗费用？"

客户女士："大概二三十万元吧。"

营销人员："嗯，差不多，那您觉得当一个人出现重大疾病之后，除了治疗费用以外，还有没有什么其他的损失呢？"

客户女士："可能工作不成了，还需要人照顾吧？"

营销人员："对，收入停止了，还需要人照顾。关键是，到时候我们还可以依靠谁？"

客户女士："这年头谁都靠不了啊。"

营销人员："刘姐，您说得很对，因为我们也不想生病后拖累家人，更不想不断地向亲友借钱，看着他们冷冰冰的表情，您说对吗？"

客户女士："是啊，到时候，谁会借钱给你，病得不严重还好，要是得了大病，都怕你到时候还不上呢！"

营销人员："嗯，确实是啊。刘姐，我们也经常能够看到，有些人痛苦地治疗，有些人却舒舒服服地治疗，您说是吗？"

客户女士："舒舒服服地治疗，都生病了，还怎么舒舒服服啊？"

营销人员："刘姐，其实我身边就有这样的例子，我家的邻居得了癌症，但是治疗过程发现，原来很多药品社保是有限制的，也就是说，如果用目录内的药治疗，可以报销，但效果并不显著，而且很痛苦。相反，如果用一些高品质的药就可以减轻病痛，同时效果也比较明显，但需要自己支付高额的药费。"

客户女士："其实这个我也知道。"

营销人员："是啊，我们多少都有些了解。现在我家邻居的病情基本上稳定了，手术之后没什么大问题，可以回家疗养了，一家人都很高兴，可是，现在又有一个新的问题需要他们面对。"

客户女士："什么问题？"

营销人员："治疗的过程，前前后后已经花了三十几万元，可是回家之后发现，还需要很多的药物维持，同时要定期检查治疗等，也就是说，后期的疗养阶段仍然需要一笔高额的费用。"

客户女士："还是要继续花钱啊！"

营销人员："是啊，刘姐，不过最遗憾的就是他当初因为经济原因仅仅在我这里购买了十万元的保额，要不然的话，就会为他们省下更多的钱，我为此也很难过，真的希望能帮到他们更多。"

客户女士："小王，那究竟要多少保障合适啊？"

……

案例解析

此案例描述了营销人员遇到谈判僵局时运用迂回战术成功销售的故事。在此处，运用迂回战术（暂置策略）最核心的原则就是先去解决一些其他的相关问题，在最终讨论的时候，为解决客户关注的问题积聚足够的能量。往往有些时候，通过迂回之后，客户关注的问题就显得不那么重要了，同时，客户自己也自然而然地淡化了之前的观念。运用该策略关键的一点就是，不要把销售谈判的焦点集中到某一个问题上，那样的话，就意味着一定要与客户分出个输赢和对错来，对我们是十分不利的。接下来，让我们看看这篇对话的亮点分析。

亮点一：营销人员小王被高手指点后，找到了继续与客户谈下去的切入点。既然客户关注医疗，并且固执地只想买附加医疗保险，那么，我们就将计就计，和客户就健康话题谈下去，继续启发客户相关的兴趣和担忧，而不是纠结在可不可以承保的问题上。

亮点二：小王在话术设计上面，采用感性和理性并重的方式。例如，拿出资料让客户参考，如分析患病需要的费用等基本为理性；感性方面较多，包括生病了有什么损失、可以去靠谁以及分享切身经历的身边人生病的故事等。通过这种安排，起到了让客户从视觉、听觉和触觉上都有所感受的目的。同时，也让客户感同身受，意识到了保障健康的迫切性和重要性，进一步强化了客户的健康意识。

亮点三：积蓄能量，打破僵局。客户具有一定的健康意识，只想通过少量的钱、少量的保障解决问题。之所以这样，是因为她认为解决健康问题只是一件不大的事。我们要做的就是，让她意识到健康保障是一件大事，而且是一件非常迫切的事。文中的对话，看似闲谈，实际上逐层深入地询问了客户大量的暗示问题。所谓暗示问题就是能够引发客户思考，自发地意识到问题严重性和紧迫性的问题。目的就是不断地积累谈判筹码，直到可以让客户觉得花更多的钱去购买重疾保险是值得的为止。因为每个客户心里都有个天平，左边是保费，右边是购买的理由。因此，理由越充分，才能越让客户觉得付出这些保费去购买是值得的。

案例结论

1. 当遇到谈判僵局的时候，要找到恰当的切入点重新开始，不能与客户针锋相对，更不能死命说服。

2. 记住一条原则：不要把销售谈判的焦点集中到某一个问题上。有些问题看似很难解决，事实上，当我们处理好其他方面的问题之后，这个问题自然就迎刃而解了。

3. 迂回策略的一个重要目的就是要帮助客户发现所要解决问题的本质。健康保障的本质不是一个简单的医疗险可以解决得了的，这需要高额的医疗费用，客户没有看到，但我们要用迂回的方式，由浅入深地让其理解和认同。

通过这个案例，我们发现，面对客户的问题，我们要学会冷静思考，究竟是什么原因使得他提出这样的要求？我们是不是可以用更加灵活变通的方式去处理呢？

在销售谈判的过程中，客户的疑问或是要求往往只是当时的一个片面想法而已，我们没有必要与客户纠缠，而是要学会"以迂为直，以患为利"。它的意思就是：有些时候迂回的弯道反而成了捷径，不利的因素也可能是有利的因素。例如，在刚才的案例研读中，客户问到底能不能只卖给他医疗险时，这里就采取了迂回战术。首先解决了几个其他的问题：第一，让客户认识到，不要因为生小病的频率高，就忽略了大病的发生；第二，强调事实，多数人在人生的最后阶段都是可能经历病痛折磨、承担高额医疗费用的；第三，如果真的身患大病，带来的损失是巨大的；第四，让他真正意识到，仅仅买几万元的医疗保障是远远不够的。

同时，我们也经常会被客户的问题引导，认为这的确是个难题，并为之困惑。但事实上，客户的问题往往可以帮助挖掘其真正的需求。案例研读中，客户对健康的关注就是我们要抓住的有利因素，而不能仅仅看到他要求只买医疗附加险。因此，无论在多么不利的情况下，我们只要冷静下来，都可以在不利的背后发现扭转局势的有利因素，只要抓住问题的关键，自然就会取得促使谈判不断向前推进的筹码。

因此，在销售谈判的过程中，如果针对客户的问题一一去作正面的回答和讨论，有些时候会让我们处于窘境。在这种情况下，就要求我们学会使用暂置策略、善用迂回之计将问题有效化解。

（五）了解客户，不可急功近利

这项工作也许在谈判之前就应该有所准备了，那就是了解对方究竟是一个什么样类型的人。对于销售谈判而言，我们似乎越来越重视对手的性格特征，并以此来制定有针对性的谈判策略。尽管这个问题属于对客户信息收集的范畴，但由于它在销售谈判中的特殊地位，在此仍然单独进行说明。

小心谨慎型的客户。这种客户的疑问往往特别多，而且特喜欢比较，喜欢利用竞争对手给我们施压。对于这样的谈判对象，我们如果有问必答，反而会陷入被动。这种谨慎的人，往往多说无益，因为他们通常会否定，如果对竞争对手的产品服务等信息不甚了解，很可能说出去的话在对方眼里就不够权威了。因此，对于这样的客户最好不要否定，多倾听，多表现对他的尊重，可以适合时机地将话题岔开，等他没有问题可提的时候，成交的时机也就到了。

深藏不露型的客户。这种客户稍显冷淡，不爱说话，不知道他的想法，很难应付。他们一般是比较善于思考和分析的，也是喜欢规划、追求完美的。与这类客户进行谈判，我们要有整洁的形象、专业的谈吐，同时还要谨言慎行，切记不能信口开河，必须要做到专业严谨，并且你的解说要有理有据，关键时刻也可以通过感性的方式激发他的责任感和爱心。因为他们的内心未必像看上去那样平静。

领导型的客户。这种客户一个最大的特点就是忙，总是怕你会浪费他的一分一秒似的。这样的人一般行动力强，都比较果断、自信、讲效率，他们不太在意别人感受，不会同情弱者，喜欢谈论工作和事业，而且好为人师。因此，针对他们的特点，我们必须要将一个守时、讲效率、专业自信的形象展现在他面前。同时，要多虚心请教他问题，避免和他争论，必须赢得他的信任，让他知道你销售的产品可以切实地解决他的问题。

犹豫不决型的客户。这类客户最令我们头痛，他们有时对你热情，有时冷淡，思虑变化很快，极难预料。他们表面上是好好先生，而且嘴上常挂"无所谓"、"随便"，但事实上内心却很固执，总是不愿说出真实想法，不想得罪人，又不办事。对于他们，要有一个打持久战的心理准备，他们往往还没有明显的反对意见，但是，这并不代表他们已经认同，他们冷静思考的时候，总是会出现否定的意念。对待这样的客户，要从多方面做思想工作，打消他们的顾虑，不断加以鼓励，帮助他们下定决心。

当然，还有一些理智好辩型的，我们一般不要与他争辩，显得谦逊一些为好；对于脾气暴躁型的，我们也要做到不卑不亢；对于言而无信型的，一般要采取速战速决的方式。

（六）转移问题策略

销售谈判中，我们经常遇到客户提出的问题或异议，但是，在分析之后我们发现，原来这并不是我们的问题，这只不过是客户拒绝的一种方式或者说是把问题转移到我们头上的一种方式。

在销售谈判过程中，我们经常会处于被动局面，很多时候就是因为客户将他们自己的问题一股脑地都扔到了我们身上，让我们来拿这个烫手山芋。这个时候我们该做的就是，巧妙地把问题再扔回给他。

例如，销售谈判过程中，客户经常会和我们说："我没有钱"，"我担心我太太不愿意"，又或者"可惜我抽不出时间"，等等。我们回过头来思考，这些本来都是客户自己的问题，关我们什么事呢？当然，不管怎么样我们还是要积极地处理这些问题。

首先，还是要验证问题的真实性。因为这些问题很可能并不存在，只是对方试探你或者敷衍你的一个手段而已。比如，客户说自己没钱的问题，这其实是我们遇到的很频繁的一个问题，而且多数都是敷衍搪塞，并不是真正的问题。如果我们信以为真，同时用把这个客户的问题欣然地拿来自己承受的话，我们很可能就会开始和客户探讨保险的价格

故事分享

  有一次，一个营销人员遇到了同样的问题，客户说他没有钱。

  这位营销人员也没有和客户讲什么大道理。而是和李姓客户说："李先生，我们先不着急于探讨您有没有钱买的问题，我们先看看您有没有资格买的问题，好吗？"

  客户听完很诧异地问道："什么意思？"

  "李先生，您说您现在的财务上有点困难，是吗？"营销人员微笑着问道。

  "是啊，我现在手头挺紧的。"客户答道。

  "那就是说您对这份计划还是认可的，对吗？"营销人员继续说。

  "嗯，那倒是！"客户点头说道。

  "那好吧，既然这样，我们就先看看您有没有资格投保吧。您先把这张保单的内容填写完整，回头我交到公司，看看以您现在的各方面情况，可不可以投保，然后我们再谈钱的问题，好吗？"

问题，比如说，其实保险并不像您想象的那样是奢侈品，您完全可以通过少数的钱就换来很高的保障等。事实上，客户拒绝只不过是一个将问题扔给我们的借口。此时，我们应该要做的或思考的是客户拒绝的真实原因。比如，他暂时没有接受保险观念，如他觉得这个计划并不适合他等。只有找到真正原因，才可以将这个烫手山芋扔回去，因为它本来就不是个真实的问题。

  就故事分享中的例子，如果我们还是和客户谈钱的问题，那么，我们就真正地把他的问题拿到我们这里来解决了，更何况这个问题多数情况是假的，我们处理它会有什么意义呢？所以，我们转换到客户能不能通过核保的问题，把问题扔回给他。

  同样，客户说要和妻子商量，好，我们听起来就好像只要她的妻子同意了，就可以顺利成交了，但事实往往是背道而驰，她甚至会和妻子商量一年。换位思考一下，如果他认同自己买的是一份责任，是一份对家人的爱，那么，这份保险完全可以是一份惊喜，何至于非要妻子的同意，所以，那是他的问题。他如果使出了妻子这个挡箭牌的话，一般情况，还是要搪塞或者拖延，甚至是无限期地拖延。因此，我们要采取积极的对策。

如果认为他说的是真话，营销人员会说："您可以简要复述一下刚才我给您讲解的内容吗？"一般情况下，客户是做不到的，因此，我们会继续说："这样吧，客户先生，还是您安排个方便的时间，我们大家坐下来一起探讨一下，我会像和您介绍时一样认真地再为您的妻子介绍一遍。"

如果判断他说的是假话，营销人员会说："客户先生，您这不是让您的妻子为难吗？"准客户听到这话，一定很好奇，我们可以顺势解释说："为什么这么说呢？因为您太太说好也不是，说不好也不是。说好吧，受益人是自己，舍不得让老公花钱；说不好吧，万一将来真的有事发生而因为自己的意见没有购买这份保险，岂不后悔？"

"女人很容易感情用事，当女人感情用事的时候，男人就必须理智用事。想一想，当您不在的时候，老婆和小孩会过什么样的日子？"

这句话很有分量，话一出口就要马上构设情景，说出感性言辞。

"其实，我能看得出您很爱您的老婆、您的家庭。然而无论我们生命有多么美好，每个人都始终面临着生老病死的那一天。我有一个同事，曾对我说过他亲身体验的一件事：他有一个多年的朋友，一直做生意，几乎把全部财产都用在生意的周转上了。我的同事曾多次动员他买点保险，可是因为生意繁忙，他一直没有坐下来填一张保单。就在上个月，他在出差回来的路上出事了，从此，借出去的钱没了音讯，而借进的钱却引来了向他妻子要债的人。原本温馨富裕的日子，因为一场变故，而使整个家庭的生活暗然失色。"

"客户先生，我觉得保险是一个长期的契约，和家人商量当然很重要，但为'爱'投保，不如今天就由您作出一个明智的决定。"

"很多人在结婚的时候都会说'我爱你'，相对于用嘴巴说话，白纸黑字的保险就实际得多。您不妨把这张保单收着，等到结婚纪念日或太太的生日时再把保单拿出来，那时候，对于您太太来说一定是一个很大的惊喜，她也一定能够深切地感受到您的心意。"

这样，当准客户有了正确的投保观念，通常能够自己下决定，也就不需要和老婆商量了。

还有些时候，客户突然一个电话过来，告诉我们："不好意思啊，我的日程变了，我们要换个时间谈了，要不明天下午吧？"很显然，对方的时间日程的安排上存在了问题，那么，这是谁的问题呢？在这个时候，我们往往喜欢接住这个烫手山芋，即使手烫得通红也不吭声。客户说明天下午，你就在电话这边拼命地点头："好啊，可以啊，那好，客户先生，我们明天下午两点半在您办公室见！"就这样，你再一次承担了客户的问题。事实上，我们是可以换一种处理方法的。例如，客户和你提出了一个新的时间，你完全可以告诉他这个时间你很忙，因为在这个时间你已经预约了其他的客户，然后由你指定一个时间和他见面。关键就是，千万不要让客户觉得你时间很充裕，随叫随到，那不但证明了你是没有太多客户可见的，也证明了你已经开始放弃谈判中的主动权了。

因此，在销售谈判的过程中，我们会遇到很多类似的问题，也有很多营销伙伴都被弄得焦头烂额，不但徒耗精力，同时也丧失了谈判中的部分主动权，并且在无形当中留给客户一种印象：什么事情都是要以他们为中心。让我们认真思考一下，曾经有多少次客户将自己的问题转嫁到你身上？你是否发现，当你开始为对方解决他们的问题的时候，他们很快就开始相信那的确是你的问题了。

（七）了解对方成员结构，增加成交筹码

接下来，我们了解一下对方参与谈判的成员结构。三大渠道各有不同。比如说，个险销售谈判，在一般情况下，要清楚与我们进行面谈的客户有没有购买的决定权。如果没有，要学会找出那些能够促使客户下定决心购买的人。

而团险呢，就比较复杂一些。

故事分享

　　曾经有一位营销伙伴与某大公司负责购买团险的采购人员展开了谈判。

　　开始的时候进展较为顺利，负责认购的人对于我们公司产品的性价比以及后续可以提供的服务都比较满意，告诉我们的营销伙伴，他会尽量向领导推荐我们公司的产品。

　　结果，过了将近两周的时间，一点消息都没有，我们的伙伴就再一次拜访了这位专员。见面之后，这位专员也是一脸尴尬之色，向我们的伙伴说明了情况：原来，这家公司对于团险采购计划的决策，具体是要看两个人的意见，一个是财务总监，因为他要控制预算，另一个是人力资源部经理，他要确保为员工提供较为全面的保障方案。而总经理基本上不会过问。

　　就在这个过程中，另外两家公司的团险营销人员便挖空了心思去找两位负责人商谈。随后，A公司拿下了财务总监，B公司拿下了人力资源总监，于是这位团险采购专员的意见就显得微不足道了。

　　遇到这种情况，的确是很棘手的，我们这位营销伙伴也是一脸难色，该怎么办才好呢，就在这个关键时候，这位专员还是非常敬业和负责的，当然，也是因为他始终认为我们公司提供的保障和服务是最好的，因此，他向我们的伙伴提出了一个建议：不如直接去找总经理谈。因为这两位总监一向都是互不买账的，而且这个问题上他们也有很大的分歧，总经理也可能听过了他们的汇报，估计也在为难之中，所以，不如直接去找总经理谈，恰巧还能给总经理一个台阶下。因此，在这位专员的安排下，我们的营销伙伴挑选了一个总经理不是很忙的时间，冒险拜访他……

　　相信我们都能够猜想出最终的结果。因为这个问题最终需要三个人有台阶下：总经理、人力资源总监、财务总监。如果购买了我们的团险，总经理没有得罪这两位总监，同时，这两位总监多少又可以给A、B两家公司的营销人员一个交代，当然，更重要的是我们所提供的产品和服务是绝对不比别人差的。因此，就在这样复杂的情况下，我们的营销人员取得了最终的谈判胜利。

通过故事分享案例，我们发现，负责团险采购的专员并没有最终决定权，还需要向相关的领导请示，最复杂的就是这个人还要向两个不同的领导请示，而这两个不同的领导恰巧又倾向于在不同的公司购买，这个问题很是麻烦。但是，我们仍然在关键时刻理清了关系，把握住关键性人物并获得了成交。

（八）随时准备离开

相信看到这则技巧的时候，你一定会感到诧异。什么？随时准备离开？开玩笑，你认为客户会留住我们吗？离开后你还有什么回旋的余地吗？其实在这里要表达的意思是：如果你不能认真对待这件事情，那我只好选择暂时离开。关键的问题是，你是否能够掌握好离开谈判桌的最佳时机。

如果你在想"这张保单我是一定要拿下"、"今天你不和我成交我是不会走的"等，那么，你很可能会错过离开谈判桌的最佳时机，导致你输掉这场谈判。

有些时候，我们需要制造假象，让对方相信你可以随时终止和他的谈判。对于销售谈判而言，意味着让对方知道你还有很多的对象可以选择，同样，也有很多的人已经选择了你的产品和服务。

比如，在经过了几次销售谈判的过程之后，营销人员始终无法促使最终的成交，在这个时候，不妨选择使用欲擒故纵的小技巧，表现形式就是准备离开，但是在离开之前还有一段关键性的谈话。

故事分享

一次，某一位伙伴在最后实在无计可施的情况下，决定使用离开策略，于是他就对孙姓客户说："孙小姐，既然这样，我就不打扰您了，非常感谢您抽出时间与我一起探讨保险方面的话题。老实说，我做保险也是很多年了，但是，让我困惑的是我还真的没有弄清楚您现在的意向。我走之前，还想再问您一个问题：您现在不能作出决定，是因为我的讲解不够清楚，或者您觉得这个计划不太完善，还是有什么其他的困难呢？"然后等待回答。

在此要走，是要对方卸下心理防备，突然发问，主要目的是为了试探出客户真实的想法，然后再有针对性地解决问题。同时，在这种类似于谈判达到僵局的状况，如果还是执著一念地和客户谈下去，往往会适得其反，倒不如运用欲擒故纵的方式，打探出客户真实的想法。因为，反复用同样的手段去磨客户签单是毫无意义的！

有些时候，我们也会运用时间战术来向客户表明，我们是有很多客户要服务的，我们的时间也是宝贵的，甚至有时候是需要预约的。比如，在我们事前准备好的情况下，预计大概半小时谈判结束，那么在半小时的时候一定要安排好同事或者你的秘书给你打电话，告诉你谈判的时间到了，你应该去会见下一位客户了。这样，就会让客户真正认识到你的价值，这就是离开谈判桌发挥的力量。

（九）转移成交压力

对于保险销售谈判而言，我们发现成交压力基本上都在营销人员这一边。这不同于传统的谈判，大家都有一个最终的谈判期限，越接近这个时间，成交压力就会越大。可是对于保险营销而言，绝大多数客户都没有一个购买的最终期限（一些有团险购买计划的大公司可能会有最终购买的时间限制），对于成交的渴求程度也完全取决于我们的营销人员在销售谈判过程中的表现，因此，成交压力不自觉地转移到我们这里。营销人员承担了许多的成交压力，比如，营销人员需要生活费用的支持，他们有业绩的考核、晋升的考核、竞赛方案达成等压力。因此，当我们带着这些压力去和客户进行销售谈判时，很多时候会引起一些急功近利或是急于求成的现象。

事实上，有些时候我们可以将成交压力转移给客户，有些时候我们也可以制造一些压力给他们，有些时候我们需要接受不能成交的压力，像前面一点提到的那样，随时准备离开。

很多的营销高手，在与客户成交之后，已经与客户建立了良好的关系，并且这种良好的关系持续保持甚至不断提升。因此，当遇到成交压力的时候，比如，为了达成竞赛目标，就会直言不讳地去争取客户的帮助。例如，客户的保障还不够全面时可以继续购买，或者此时客户还可以帮助营销人员介绍具有保险相关需求的新客户购买保险，以达成帮助营销人员完成销售任务的目的。

有些时候，营销人员也可以制造很多的成交压力给客户，让客户在某种情景之下身不由己或者说顺其自然地进行签单。比如，公司给予客户的阶段性成交奖励，我们可以加以运用去促使客户在某个时间范围内签单；又或者将客户请到产品说明会的现场，利用现场的专家的讲解、现场的成交氛围、现场的签单奖励来给予客户现场签单的压力。当然，我们也可以制造观念上的成交压力。比如，营销人员在与客户谈判时说："您当然可以再考虑一下，可是，有些时候，拖延一个决定会比作错决定承担更大的损失。正是因为我们不知道明天会发生什么，所以才要在今天做好准备，您说是吗？既然您也觉得这份保障是十分必要的，不如今天就作出您明智的选择"等。

保险营销中，与客户谈判的过程往往是无法预知的。就好像拳击比赛，拳手可能几分钟就击倒对手，也可能打满十二个回合；好像足球比赛，可能踢一分钟就进球，也可能踢满九十分钟才进球。因此，我们与客户的谈判进程是否顺利，是否能够速战速决，还是持久战，都是很难预料的。所以，有些时候，我们需要接受长时间不能成交的压力，也不必对已经付出的时间成本耿耿于怀。有些时候，当我们不断地为客户付出的时候，其实会在无形当中给客户一种心理压力，产生一种亏欠感，这其实就是客户所面临的成交压力的一种表现形式了。

所以，何不放下包袱，或许会走得更远。

第二节　销售谈判中的心态调整

在销售谈判过程中，碰到客户的异议或是谈判僵局、困境是在所难免的事情。很多时候，我们会认为具备充足的销售谈判技巧就可以应对所有的问题。事实上，在没有做好心态调适的前提下，就生硬地照搬技巧来应付谈判，效果往往不好。

我们是否经常纠结在之前被客户拒绝的那一幕，有说不出的委屈、挫败感，甚至是有些怨恨。无论现在怎么想，都请先看一看一名优秀的营销人员应该进行怎样的心理调节。

一、何不反躬自省

所谓反躬自省，就是在事过之后，回过头来检查自己的言行得失。

希腊神话中有一个故事：普罗米修斯创造了人，又在他们每个人脖子上挂了两只口袋，一只装别人的缺点，另一只装自己的缺点。他把那只装别人缺点的口袋挂在胸前，另一只则挂在背后。因此人们总是能够很快地看见别人的缺点，而自己的却总看不见。这个故事也说明了人们往往喜欢挑剔别人的缺点，却无视自身的缺点。

我们在进行销售谈判时也是一样，往往会把没有成交看做是别人的问题。是客户踌躇不定、抠门吝啬；是某某银行理财经理不够朋友，唯利是图；是那家公司的人力资源总监把价格一压再压、不讲道德等。而我们更应该反省的是，在与客户进行销售谈判的过程中，技术层面上是否有缺失，以及所表现出的状态或心态有哪些不妥之处。

我们姑且不谈技术层面的问题，先看一看我们在销售谈判中是以什么为导向进行销售谈判的，究竟是利益导向，还是双赢导向？

为了生活、为了钱而工作固然是没有错，但是，我们更应该明白，在进行销售谈判的过程中，谈判的双方都有各自的需要，也都希望让自己获益更多。

客户希望能用最低的成本换回满足自己需要的产品，而你的需要是赚钱，维持生计，提高生活品质。如果你单纯以利益为导向进行销售，那么，对于保险销售而言，自然是客户保费越高，你的佣金就越高。因此，就导致你可能忽略客户的实际需求或者说实际的合理购买程度，而单纯追求保费的高低，就会让你被佣金牵着鼻子走了。当然，在这个时候，多数客户都会恍然大悟，自然达至成交也就难上加难了。

如果你可以暂时忘掉佣金，那么局面就会大为改观。真诚地去为客户解决问题，你必然可以得到信任，收入自然就源源不绝了。因此，想保证良好的销售谈判心态，必然要遵循一个原则：在谈判过程中，暂时忘掉佣金。你所想的，应该是怎样达成一个大家都满意的结果，怎样更好地为客户解决问题，这才是常胜之道。

因此，及时进行反省和总结，确保类似的错误不再出现，自然也就不会循环往复地陷入被动局面，致使心态失衡、压力递增了。

二、懂得寻求帮助

无论是作为一位主管还是一位销售高手，从没有一个人可以独自解决所有问题，我们仍然需要他人或团队的支持和帮助。

曾经有一个孩子在海边用沙石堆砌城堡，最后的一项工作是要搬动一块很大的石头，他努力地尝试，还是搬不动。站在一边的父亲走过来问他真的竭尽全力了吗？男孩回答是。而父亲却对他说，你并没有竭尽全力，因为你还有一项努力没有做，那就是寻求我的帮助。说完之后，就帮男孩把石头搬到了指定位置。

我们每个人都要适当地寻求他人帮助，不能什么事情都自己一个人扛。当我们力不从心的时候，事实上，有很多人有意愿也有能力帮助我们；当我们遇到困难的时候，未必都要自己冥思苦想，未必都要拼得遍体鳞伤，也许别人恰恰擅长解决你所遇到的难题。

在销售谈判过程中，自然会遇到很多的困惑和难题，我们经常会绞尽脑汁，想尽一切办法。可是，我们往往忽略的总是身边最关心我们的人、最渴望给予我们帮助的人。你的主管可能非常想帮助你，你的家人也可能非常想帮助你，甚至是你身边的每一个人。有些时候，我们自认为是非常棘手的问题，但是，似乎放到别人的手上就成了信手拈来，因为他们经历过，因为他们更擅长。因此，我们有时候需要学会利用身边的资源去助我们一臂之力。

因此，不要总是说你已经尽力了，其实，你未必用尽了所有力量，因为，还有一些力量是来自你的主管、你的家人、你身边的每一个伙伴。你从来都不孤独，你也从来都不必自己一个人承担。

三、压力前置与压力后置

保险销售谈判对于各个不同渠道，周期都各有不同。例如，团险的周期较长，一般长达数月甚至更久，而个险和银保的周期则较短，一般在一周或一个月左右。

对于不同的销售周期，就要求营销人员具备较为理性和稳定的心态。同时，对于周期较短的渠道，实际上，也会面临成交周期较长的情况。因此，此处要介绍两个概念：压力前置与压力后置。

压力前置与压力后置中的压力都是指我们的营销人员给予客户施加的成交压力。压力前置，就意味着要在短时间内给客户压力达到成交目的。有些时候也称为危机论。它的意思就是要通过有效的沟通和谈判过程达到引发客户的危机感，让他迫切需要我们的产品解决问题的目的。例如，让客户认识到意外风险是无处不在的，是随时可能发生的，是会导致严重后果的。如何解决呢？就是要转嫁风险，降低损失。

当然，有些时候我们也会发现，客户始终都在犹豫不决，始终都不能很快接受保险方面的理念，始终都处于参考比较的过程。这个时候，我们往往会调整策略，采取压力后置的方式，也就是采取长期迂回的战术来引导和激发客户真正对保险的需求以及对公司和营销人员的信赖和认可。所谓强扭的瓜不甜，如果理念没通，即使我们可以签到"人情单"，那也不过是客户对我们的敷衍了事。于是某一天我们会突然发现，刚刚去年在我这里签了3000元的单，结果今年突然在另一人那里签了5万元，这究竟是为什么呢？因为我们还没有耐心等到瓜熟蒂落，就把一个没熟透的瓜摘了下来，自然果实也是不够甜的。因此，具有足够的耐心，具备长期培养客户的耐心是非常重要的。因为随着时间的推移，你真诚的服务和实际的理念一定会不断地给予客户心理压力，就包括愧疚感（长期真诚的服务和关心让客户感到亏欠于你）和心理压力（现实可能发生的风险总在脑际围绕，当身边有人发生了某些风险时自然会触景生情）。

不同的渠道、不同的客户，总是要有不同的处理方法，不要总是为了不能马上成交而苦恼，因为凡事并非你所认为的那么理所应当，何不顺其自然，等待瓜熟蒂落呢？

四、拥有坚定的信念

"因为我相信！"很多伙伴在站到台前分享的时候，都会不自觉地说出这句话。他们相信的是什么呢？当相信的时候又会表现出一种什么状态呢？他们相信的是公司，是产品，是他们自己还未被发觉的无限潜力，是未来无限广阔的事业发展空间，是身边每一个相互扶持和帮助的伙伴。

有一句话说得好："因为相信，所以创造可能！"如果不相信公司，不相信产品，又怎么可能进行成功的销售？不懂得信任和互助，又怎么能与身边的伙伴齐头并进，共创佳绩？如果想都没敢想，怎么可能创造辉煌的成绩？如果格局都没有拓宽，怎么会有无限广阔的舞台？拥有坚定的信念，是获取成功的不二法门。

五、保持积极的心态

让我们先从弗兰克尔的故事说起。身为犹太人，弗兰克尔曾在第二次世界大战期间被关进纳粹死亡集中营，遭遇极其悲惨。父母、妻子与兄弟都死于纳粹魔掌，唯一的亲人只剩下一个妹妹。他本人则受到严刑拷打，朝不保夕。

有一天，他赤身独处于囚室，忽然之间意识到一种全新的感受。日后他将此感受命名为"人类终极的自由"。当时他只知晓这种自由是纳粹军人永远无法剥夺的。在客观环境里，他完全受制于人，但自我意识却是独立的，超脱于肉体束缚之外。他可以自行决定外界的刺激对自身的影响程度。换句话说，在刺激与回应之间，他发现自己还有选择如何回应的自由与能力。他在脑海中设想各式各样的状况。比如说，获释后将如何站在讲台上，把这一段痛苦折磨学得的宝贵教训，传授给学生。

凭着想象与记忆，他不断锻炼自己的意志，直到心灵的自由终于超越了纳粹的禁锢。这种超越也感召了其他的囚犯，甚至狱卒。他协助狱友在苦难中找到意义，寻回自尊。

处在最恶劣的环境中，弗兰克尔运用难得的自我意识（即思考自己的思维过程的能力）天赋，发掘人性最可贵的一面，那就是人有"选择的自由"。

积极主动的人，心中自有一片天地，天气的变化不会对他产生影响，自身的原则、价值观才是关键。如果认定工作品质第一，即使天气再坏，他们依然不改敬业精神，会选择最积极的心态去面对工作。

消极被动的人会有意无意地选择被外界条件控制。他们还会受到"社会天气"的影响。别人以礼相待，他们就笑脸相迎；反之则愁眉苦脸或愤愤不平。心情的好坏全都取决于他人的言行，任由别人的过失或缺点来控制自己。因此，他们的心态不断失衡，最终导致自己深陷入自怜自艾和满腹抱怨之中不能自拔。

不过，这并不表示积极主动的人对外来的刺激无动于衷。他们对外界的物质、精神与社会刺激仍会有所回应，只是如何回应完全掌握在自己手中。他们选择积极的回应。

美国小罗斯福总统的夫人曾说："除非你同意，任何人都不能伤害你。"用印度民族主义者和精神领袖圣雄甘地的话来说就是："若非拱手让人，任何人无法剥夺我们的自尊。"因此，令人受害最深的不是悲惨的遭遇本身，而是我们对于遭遇的回应。

在销售谈判的过程中，我们固然会遇到很多的难题，甚至是挫折和打击。但是，伤害我们的往往不是客户，而是我们对客户行为的消极回应；令我们没有自尊的往往也不是客户，而是我们还不懂得尊严是别人无法剥夺的，除非你自己选择放弃。当我们可以正视这些问题的时候，当我们选择积极回应的时候，自然可以海阔天空。

因此，当我们不断成熟、不断去总结和发现如何调整自己心态的时候，我们每一次都会习惯性地问自己几个问题：这次销售谈判中，在整个环节上是否有什么漏洞？与客户谈判的过程中我有没有漏掉那些信息？我的话是否中肯？我的问题是否有效？我可以在哪个环节上做得更好？这就是自省的过程，也是一个及时发现自己问题的过程。结果就是不断总结、不断完善和提升自我，而不是将成交的失败归结于客户。

当我们有困惑的时候，不妨从"我到底要怎么处理呢"这个思路中走出来，变成"我要如何借助各种力量去达成目标"。切记，永远不要忘记你的主管、你的朋友和你身边的伙伴。你不可能样样全能，你也不可能经历一切，何不让别人更成熟的经验和技巧或是心态来指引你达成所愿呢？

无论你现在从事了几年销售工作，无论你是否技巧高超，我们总会不知不觉地出现一个错误：在利益驱动之下，选择尽快与客户成交。尽快成交没有什么不好，但关键问题是你是否已经处理好客户的疑问，你是否真正为客户着想有效地解决了他的问题，还是仅仅为了成交而成交？有些客户是需要培养的，虽说你不能马上改变他对保险的观念，但至少你可以改变他对你的看法。如果他真的是无法接受保险，你至少可以让他先接受你，等他突然发现自己有了这方面的需求，自然第一个想到的就是你。何必追求完美，希望每一个客户都能快速成交呢？

世界上的每一个伟大发明，都是由发明家联想到的一种能够改变世界的奇迹。最终，他们都实现了。当他们想到的时候，所考虑的角度并不是有哪些困难不能让我实现，而是有哪些途径可以帮助我实现梦想。我们都见证过很多销售精英创造奇迹、成就自己事业的巅峰。而究其根本，是因为他始终都为自己设定了一个远大的目标，并且不懈地为之努力和奋斗！当成就了一切之后，他们最先感谢的就是公司，是他们的主管，是他们身边的每一位伙伴！因为他一直相信他们，也一直与他们并肩战斗！所以他们最终会说，这个成绩并不是我一个人的，靠我一个人的力量将无法取得！到了那一刻，他再一次真正体会："因为相信，所以创造可能！"

"这客户怎么就听不懂我说什么呢"，"我再也不想去见这个客户了"，"说好今天签单的，太没信誉了，气死我了"等，都是我们经常听到的声音。这些也都是我们对谈判过程的回应，消极的回应。刚才也讲到了，在刺激和回应之间，我们有选择回应方式的能力和自由。既然可以选择，何不选择正面的积极的呢？为什么不考虑一下是你自己没有表述清楚，或者是只顾自己说，没有认真听听客户的想法；为什么没有想一想客户对保险的认识是浅显的，甚至是受到传统观念所影响的。我们设想一下，小孩子都是天真的不懂事的，客户在保险上是否也像孩子一样，对保险是不了解的，没有深刻认识的，我们更应该给予他时间和宽容去接受保险和保险观念。为什么客户会变卦呢？也许他还心存顾虑。当然，也可能客户就是摇摆不定的，是会受到外界影响的，如果是这样，那又何必用别人的错误惩罚你自己呢？

要想成为一个优秀的营销人员，良好的心态是必不可少的，甚至可以称为销售之"魂"。一个没有灵魂的人，剩下的只是一副皮囊，毫无生机；一个没有良好销售心态的营销人员，剩下的只有消极抱怨，毫无前途。既然可以选择，何不积极地面对工作和生活？

第三节　营造销售谈判的驱动力

在进行销售谈判的过程中，促使我们前进的驱动力是什么？对于销售谈判的驱动力越是了解，就越能使得谈判进程能够顺利推进。

在进行任何一场谈判之前，都要对整个谈判进行评估，并且要确定什么对于自己是最重要的。对于寿险各个渠道的销售谈判而言，我们追求的肯定不是一锤子买卖，我们要考虑的是与对方长期合作或者说能够长期与对方互惠互利。这就要求我们考虑如何能够让双方都感到满意。也就是说，在得到自己想要的结果的同时还要考虑对方的感受，以及今后的长久关系。

一、竞争驱动

竞争驱动的关键在于竞争两个字。不难理解，竞争驱动下的营销人员或者是客户都会将谈判看成是一场你死我活的较量，他们认为双方一定要分出个输赢高低。但是他们没有想到的是，销售谈判的结果可以是双赢，因为双方是在谋求不同的东西。通过更好地了解对方，双方都可以有意识地在那些对自己并不重要，但对别人却很重要的条件上作出让步，从而最终达成双赢的结果。

通常情况下，在团险的谈判当中，由于价格的浮动性，致使很多时候我们与客户之间或者与同业竞争对手之间要拼个你死我活。对于客户而言，第一是要各家公司提供完善的符合需求的保障，第二是要一个最好的价格。在这种情况下，演变成了各家保险公司营销人员之间的价格竞争。如果这样竞争下去，最终的结果不可能达成双赢局面，价格都降到了成本以内，结果大家都是亏损的，即使竞标成功了也等于是失败，更无法达到与客户长期合作的目的。由此看来，是没有人从中受益的。

在个险中也会出现此类的竞争现象，不过很多涉及了营销人员的违规行为。例如，在竞争的驱使之下，返佣、相互诋毁、争抢等现象也是始终存在。最终往往是闹个两败俱伤，谁都没能赢得客户的尊重和认可。

因此，在纯粹的竞争驱使下达成销售谈判的成交是不可取的，我们始终还是要致力于双赢的结果，达到长远发展、长期合作的目的。

二、解决驱动

解决驱动是最理想的谈判形势。它是指双方都非常希望能够找到一个解决方案，并愿意通过共同讨论来达到这一目的。

可以这样理解，客户的目的就是要找到一种更好的方法去解决他眼前的问题，而作为营销人员，也是为了帮助客户解决他的问题而努力，因此，这就体现了双方都是在为寻求解决方案而努力。

三、个人利益驱动

我们可能遇到过这样的谈判对手，他们谈判的目的并不是为了获胜，也不是为了寻求什么更完美的解决方案。在谈判时，他们最主要的驱动力就是谋求个人利益。

例如，有些公司中负责团体保险的工作人员，他们最终关注的未必是能够带给员工更好的福利保障，而是关注能够用更好的购买价格来体现他的价值。

因此，对于这样的谈判对手，我们就要在开始的时候提出较高的条件或价格，这样的话，他就可以回去告诉自己的同事："我应该可以让他们作出很大的让步，"也就是说，我们要给他们预留一些空间。如果一开始就提出了底线价格，那么他就很难向自己的领导和同事交代，因为他的领导和同事会觉得他没有尽力去为公司和员工谋取利益。

四、组织利益驱动

在进行销售谈判时，我们很可能会发现这样一种情况：对方确实是想找到一个尽可能好的解决方案，但他同时又必须能够向自己的组织交差。

例如，在个险销售谈判中，客户有时候需要取得家人的同意。在这种情况之下，我们就需要帮助他创造一些条件，来说服他的家人。比如，安排一次会面，说明原因。有一次，我们的一位营销人员亲自到这位男性客户的家里拜访，当然是取得了他的同意。之后，他单独与这位持反对意见的妻子进行谈判，谈过之后，让这个妻子发现，原来买这份保障都是为了她，也体现了她丈夫的责任，因此，就欣然同意了。

另一种情况，比如，一个人力资源经理很想给部分员工购买团体保险，增加他们的福利，进而增加员工对企业的忠诚度。虽然他有这个意愿，但是，这个团险要想顺利购买，第一，要总经理批准；第二，这个团险需要员工自己出一半的钱。在这种情况下，就需要我们帮助人力资源经理做一些工作，以促使他背后的组织能够顺利通过这个决定。因此，我们就通过人力资源经理帮忙创造机会与总经理见面，陈述利害关系。同时，又在人力资源经理的组织之下为他们的员工开了一场产品说明会，详细说明了为什么要用商业保险补充社保。后来，问题就顺利解决了。

因此，再遇到此类情况的时候，一定要知道解决问题的关键驱动力是什么，不能盲目地只是给对方的谈判人员施加压力。

五、态度驱动

有很多受态度驱动营销的营销人员认为，只要谈判双方彼此喜欢并信任对方，他们就可以成功地解决分歧，达成共识。他们相信，只要能够了解对方，就一定可以找到适当的解决方案。

在实际的销售谈判中，这样的营销人员都迫切地希望与对方建立良好的关系，以至于他们常常会受到对方的欺骗。

例如，有些营销人员每一次回到职场，都会拍胸脯说，这次没问题，我们讨论得很愉快，明天就可以把单子签回来。可是结果呢？一而再、再而三地遭遇挫折。这是为什么呢？这并不完全是客户不讲信用的问题。我们的营销人员在销售谈判过程中不但要追求建立良好的关系，这的确很重要，但同时也要考虑一个现实的问题，那就是双方的利益。是否客户觉得你人不错，不过你的产品收益太低，或是你的产品并没有解决他的问题。对于一个对自己没什么用的产品，他何必要埋单呢？即使他与你的关系已经很不错了。

所以，在建立良好关系的同时，还要关注客户真正的需要，只有解决了他的实际问题，他才会为此而埋单。

六、营造双赢谈判

营造双赢谈判是每个销售谈判高手不懈努力的目标。就保险的销售谈判而言，从长远来看，价格并不是最关键的因素。最关键的因素在于，你有没有在谈判中真正解决客户的问题，你有没有与客户建立了彼此之间良好的关系或者说信任，你能否让客户相信你可以在未来提供更多周到的服务。这才算是我们在谈判中取得了胜利。我们坚持绝不做一锤子买卖，我们要建立的是长期合作、互利互惠的关系。

让客户觉得他赢了，最关键是他发现自己购买的产品是绝对可以解决他最迫切需求的，同时，他发现自己选对了一家公司和一个优秀的营销人员。

因此，我们发现，其实我们与客户之间是不存在什么冲突的，我们有各自想要的东西，也有共同想获得的东西，互不矛盾、也不冲突。要想取得双赢谈判，我们也必然要履行几项原则：

双赢谈判法则1　以客户的需求为导向进行销售

我们的销售都是以客户的实际需求为主，不能够为了一己私利而强势推销不能解决客户问题的产品，这样充其量可以做个一锤子买卖。

双赢谈判法则2　拥有一个高尚的动机

时间久了，我们的所作所为必然会显现动机，而什么样的动机，就会造就什么样的结果。客户是不会向一个只为赚钱的营销人员购买保险的，因为购买保险不仅仅是购买了责任，实际上也是购买了营销人员的服务与诚信。

双赢谈判法则3　长久呵护关系利益

当我们取得一场销售谈判的胜利时，应该获得两点利益：一是成交利益，二是关系利益。成交利益就是由于成交带给双方的实际利益，而关系利益就是由于彼此之间在谈判过程当中所建立的良好关系，而使得未来合作更加顺利、更加密切的利益。

知识回顾

◆ 想保证良好的销售谈判心态，必然要遵循一个原则：在谈判过程中，暂时忘掉佣金。你所想的，应该是怎样达成一个大家都满意的结果，怎样更好地为客户解决问题，这才是常胜之道。

◆ 我们每个人都要适当地寻求他人帮助，不能什么事情都自己一个人扛。当我们力不从心的时候，事实上，有很多人有意愿、也有能力帮助我们；当我们遇到困难的时候，未必都要自己冥思苦想，未必都要拼得遍体鳞伤，也许别人恰恰擅长解决你所遇到的难题。

◆ 积极主动的人，心中自有一片天地，天气的变化不会对他产生影响，自身的原则、价值观才是关键。如果认定工作品质第一，即使天气再坏，他们依然不改敬业精神，选择最积极的心态去面对工作。

学以致用

成功化解谈判压力

小王遇到了一位"富二代"的老同学，他希望能够让对方买一点保险。

遭遇僵局　谈判进程无法推进

可是，他的朋友却对他说："不要再和我谈保险，否则连朋友都做不成了！你应该知道我家的经济状况，有什么事情，我爸爸都可以给我解决，我根本不需要什么保险！"这次会面，尴尬收场。

解除误解　再次回到谈判桌

应该如何应对呢？这位伙伴回去后，告诉了他的主管，经过商讨之后，主管决定陪他一起去见见这位朋友。

于是，小王再次给这位"富二代"的朋友电话，对他说："上次真的不好意思，让你觉得我和你接触，只是为了让你买保险，其实，我并不是这个意思。"此时，这位朋友也觉得很过意不去，同时表示，上次的话的确是有点伤人等。

营销人员接着说："其实，我回去也把这件事汇报给了我的主管，他也非常担心，怕为了此事会影响到我们之间的关系，他也建议我把保险的事放下，而且希望和我一起去见见你，希望我们之间不要产生任何误会，同时，也能结识你这个朋友。"

转换话题　避实击虚

接下来，我们看一看这位主管是怎么和这位"富二代"谈的。

见面之后，这位"富二代"就说："其实，我也是遇到太多的朋友和我讲保险，所以才说了那样的话，但是小王也知道，我爸爸的情况，我根本不需要买保险，我要钱的话，只要我开口，我爸爸就会给。"

他说完这些话之后，主管说："你的想法，我能理解。"

"那依你的看法，谁才需要人寿保险呢？"

（转换话题，不与客户纠结在他父亲有没有钱的事情上。）

"那些需要收入维持生活的人才需要保险。"

"你不是也有一份工作和一份收入吗？"主管温和地问道。

"那完全不同！我工作的原因不是因为我需要收入！假如我需要钱，只要我开口，我爸爸随时拿给我！"

（客户的回答似乎又要把我们带回原点，那就是他爸爸有钱的事实上。）

开发隐藏需求

"那你为什么还要这份工作和收入呢？"

"因为我觉得我有能力开创自己的事业。"（开始表述出自己的心愿，隐含信息就是社会上对"富二代"的看法是不对的，我依靠自己仍然可以达成目标。因此，我们就要乘"虚"而入。）

"你给我的感觉，是一个有想法、独立、自信而又希望开创自己事业的人，对吗？"（说出对方的心愿）

"万一你残废了，不能工作，不能继续拥有自己的收入，那该怎么办？"主管突然发问，认真地看着对方。

　　这时候，客户有些错愕，说道："如果发生这种情况，像我刚才所说，我爸爸肯定会负起责任，照顾我的。所以我对残废也不担心！"（这时候客户又想把话题扯回到原点，用他爸爸很有钱的事实来做挡箭牌。我们要做的就是，再次强调他的心愿：独立、自尊的生活。）

　　"我们所探讨的不是你爸爸有没有能力照顾你或是否愿意照顾你，我们所探讨的是在任何情况之下，你都能够依靠自己过着很有自尊、很有尊严的生活。这才是我们的主题……"

附　录

一些谈判技巧和策略的简要回顾

1. 一致式开局策略
- 一致式开局策略的目的在于创造取得谈判成功的条件。
- 《美丽的亚美利加》乐曲、"17.8度"的房间温度，都是人们针对特定的谈判对手，为了更好地实现谈判的目标而进行的一致式谈判策略的运用。

2. 不要一开始就谈价格
- 很多销售谈判的新手一上来就给对方方案或者谈价格。这是个错误做法。在没弄清楚客户真正想要什么的时候，设计出来的方案当然是不合适的，更没必要谈价格。
- 价格从来就不是孤立存在的，它是一些事物组合的一部分：投保的规模、享受的保险责任、服务的时间、售后服务以及费率的厘定，这些才决定价格。这样一来可谈的就比较多了。

3. 对方可能用到的策略：不情愿的买主
- 当买主假装不情愿的时候，不会总是从期望价一下跌到拒绝价。然而经常的情况可能是，当买方代理人表现得不情愿的时候，卖方通常就会让步。
- 对策：当碰到一个装作不情愿的买主的时候，可以这么说："我觉这个价格没什么弹性了，但你要告诉我你能出多少（让对方先出价），我回去跟我们的人商量一下（请示领导）。我看看为你争取一下（黑脸/白脸策略——谈判结束的策略）。"销售谈判高手不会因为买主装得不情愿就感到扫兴。他们只会比买主更好地玩这种游戏。

4. 高开、低开和平开策略
- 高开：谈判开始的时候，买卖双方常常用的一种策略就是开出自己认为高的价格，其目的是预留出谈判空间。

- 低开：开低价的目的是"提出我认为对方能够接受的方案"，并利用这个方案为诱饵，引诱对方上谈判桌，这是为做好长期谈判的准备。

- 平开：不高也不低，单求用客观的数据和原则来支持我们所提出的要求。

5. 服务价值递减原则

- 你对客户所作的任何让步都会很快失去价值。

- 你买的任何有形的东西在一些年后可能都会升值，但是服务在你提供完之后似乎很快就会贬值。

6. 分割策略

- 分割策略就是把大的目标拆分成小目标的方法。使用分割策略的目的是要转移商务谈判的焦点，减轻压力。在中场谈判中，分割策略可以发挥很大的作用，尤其在跟客户谈价格和成本的时候。

- 在使用分割策略时，应该找到客户心里可以接受的合适价位；否则，即使对价格进行分割，客户还是无法接受，销售谈判很可能就无法顺利进行下去。

7. 老虎钳策略

- 这个策略可用这样一句简单的话来表达："你可以更优惠些吗？"然后沉默。

- 如果有人对你用这个策略，你就用这样的对策："你们觉得如何调整（费率、条款、服务等）更合适呢？"这将迫使买主说出具体的条件或更有价值的信息，把买主挤到一个具体的位置。除非就对方的一个具体的还价表态，否则你永远不能对买主作出让步。

8. 请示上级领导策略

- 这个策略使对方失去平衡，因为对方不能跟真正的决策者见面感到沮丧。

- 通过臆造出一个上级领导，可以把决策的压力抛在一边。

- 如果得经过上级领导或者其他部门的同意，这种策略会把我们置于一种需要对方买主跟我们站在一起的立场——我们需要一起作出努力以便于去说服别人。

- 他们会给我们一些建议而并不意味着是他们自己的意见："如果价格能再降10%，领导可能会同意。"

9. 礼尚往来策略

- 礼尚往来策略告诉我们：无论什么时候买家要我们作出让步时，我们都自然应该要求一些回报。

- 当对方要求小的让步的时候，我们应该索要一些回报。这样表达出的意思是："如果我为你们做这些，你能为我们做什么?"

- 最为重要的，它会阻止没完没了的要求。

10. 白脸/黑脸策略

- 买主用黑脸/白脸策略对付我们的时候很多，有可能是我们想不到的。同两个或更多的人谈判的时候，要格外当心。这是一个不产生冲突但又可以施加压力的有效方法。最好的办法是揭穿它。

- 可以创造一个自己的黑脸来回击，告诉他们我们愿意按照他们的要求去做，但坐在领导办公室里的人痴迷于原来的计划。我们总是可以虚构一个比谈判桌前在场的黑脸更加强硬的黑脸来。

11. 类比策略

- 用生活中的例子作比喻，能帮助客户在短时间内更深入地理解保险，提升客户对保险的认可度。

12. 小问题策略

- 永远不要问买不买。你要买家作重要选择时，买家通常会回避。但在作次要选择时，买家通常不会犹豫不决。提供给客户几种选择方案，任其自选一种。不论他如何选择，所有的选项都隐含了一个大的前提——假设买家愿意购买。

13. 装聋作哑策略

- 有些时候，对于客户的异议，不用直接给予回应，可以用装聋作哑策略。

14. 烫手山芋策略

- 在谈判中，很多时候人们把自己的难题扔给对方，让对方进入两难境地，这就是烫手山芋策略（最常见的就是客户说：我没有钱）。

15. 让步的类型

* 方法一：切腊肠。腊肠是从靠近中间的地方开始下刀，后面每下一刀越切越小。它可以让谈判者抓住这笔买卖。也许 10% 的让步并不过分。这是谈判幅度的一半。然后要确保再作出让步的时候越来越小。下一次让步可能是 5%，然后 3%，最后 2%。

* 方法二：甩尾法。同样是递减让步，每一次让步都会比前一次幅度小，但最后一次却有个明显的大让步——扬起尾巴。一开始让步 10%，接下来守住不放，下一步 3%，然后 2%，这里可以再忍一忍，最后一个 5%。

16. 蚕食策略

* 所谓蚕食策略，就是在对方作出了一些重大决策（比如，刚下了购买决策）后，乘胜追击提出额外的要求。用中国的一句老话概括就是"得寸进尺"。

* 运用精心设计的蚕食策略，在谈判结束的时候或许可以得到客户先前不愿意接受的东西。

* 蚕食策略之所以有用，是因为买主一旦作出决定，他的心情会彻底改变。谈判开始的时候，他的心里可能就是否买你的产品进行着激烈的斗争；但一旦决定购买，你就可以蚕食更大的订单，或更好的产品和服务。

* 愿意做进一步努力是区别出色的营销人员和不错的营销人员的标准。

* 写明任何额外的特征、服务或项目的费用，防止买主对我们进行蚕食，不要给自己妥协的权力，用策略回避掉。

参考文献

［1］ 盖温·肯尼迪：《谈判是什么》（第三版），北京，中国宇航出版社，2004。

［2］ 刘必荣：《新世纪谈判全攻略》，北京，机械工业出版社，2008。

［3］ 刘必荣：《达成交易的完美谈判》，北京，北京大学出版社，2007。

［4］ 罗杰·道森：《优势谈判》，重庆，重庆出版社，2008。

［5］ 赫布·科恩：《谈判天下》，深圳，海天出版社，2005。